王阳明传

[日]高濑武次郎 著

马婷婷 译

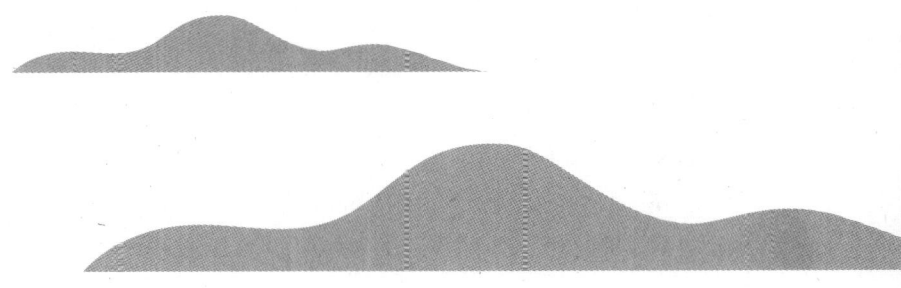

青岛出版集团 | 青岛出版社

图书在版编目（CIP）数据

王阳明传 /（日）高濑武次郎著；马婷婷译. — 青岛:青岛出版社,
2022.11

ISBN 978-7-5736-0536-8

Ⅰ.①王… Ⅱ.①高… ②马… Ⅲ.①王守仁（1472—1528）–传记
Ⅳ.①B248.2

中国版本图书馆CIP数据核字（2022）第219462号

	WANG YANGMING ZHUAN
书　　　名	王阳明传
著　　　者	［日］高濑武次郎
译　　　者	马婷婷
出版发行	青岛出版社
社　　　址	青岛市崂山区海尔路182号（266061）
本社网址	http://www.qdpub.com
邮购电话	0532-68068091
责任编辑	曹红星
特约编辑	刘　宏
装帧设计	光合时代
照　　　排	青岛乐喜力科技发展有限公司
印　　　刷	青岛双星华信印刷有限公司
出版日期	2022年11月第1版　2022年11月第1次印刷
开　　　本	16开（710 mm × 1000 mm）
印　　　张	10.25
字　　　数	190千
书　　　号	ISBN 978-7-5736-0536-8
定　　　价	39.00元

编校印装质量、盗版监督服务电话：4006532017　0532-68068050

序言

　　天下人之所赋,岂有公私憎爱之别?故如杂然之人生,虽千状万态,多不可推测,但概以观之,无论高低贵贱,应见其苦乐相伴,幸福均一。然人之职分实乃千种万类,虽从其一而为之,亦不足以奏丰功,扬芳名。但见大苦之下而有大乐,则知天道酬勤,所以至公至平。试看古来伟人之行迹,均辛苦艰难,一难未平一难又至,厂无安宁之日。此岂非大苦哉?然知其暗中一言一行左右天下之气运,一举一动震撼乾坤,亦非不能感受其无上之愉快。况其英名赫赫照青史,千秋之下犹令人景仰,岂非人生之一大快事哉?吾等碌碌无为之辈,如行尸走肉,蠢蠢而无益,饱食暖衣间虚度一生,慢怠天赋之职分,丧失人生之真义。动静存亡于社会无丝毫影响,坟土未干而其名已为人遗忘,此乃人生悲痛之极也!因此应矢苦乐相伴、幸福均一乃妄说也。纵使不能为震天撼地之大业,犹誓不废一事一业;纵使不能垂芳名于竹帛,犹盟不能失名于稗官野史。浮利虚名本不足以希求,但若空虚中醉生梦死而终,神圣之天职又奈若何?想来阳明先生不正是所谓大苦大乐之人乎?以文臣之身建盖世之伟功,蒸蒸英名永照千秋,真乃令百世之上下感奋兴起。先生终生遭逢辛苦之行迹,即吾辈借以磨炼心胆,振奋气象之龟鉴。

　　凡聪明敏活,能洞察几微,又能生出妙计者,此乃有智之人;天真恻隐,感愤人类之不幸,愤懑国家之歹运者,此乃有情之人;豪健勇猛,临大节而不惊，大敌当前仍不惧者，此乃有意之人。有智之人虽善于不惑，但有时难免陷于冷酷；有情之人虽长于令接待之人钦慕悦服，但有时会流于慷慨激越之形式；有意之人临事而泰然自若，但有时难免会压制弱者。庸常之人大抵偏重于以上三者之一，若能兼具其二者，必成杰士而成一世伟业，况能兼具此三者乎！先生所属何类之人？有智之人，有情之人，抑或有意之人？如其事迹所示，可谓三者皆完备之人。此乃先生所以为明代大师之原因。有日本学者曾评价道："明代中叶首推王阳明，救戴铣，忤刘瑾，不恤谪杖之刑，吾见其气节；能怀柔京军而不犯上，阻许泰、张忠之计，吾见其智略；平定横行华南数十年之贼寇，一月有余平定宸濠，吾见其用兵之神；《传习录》《五经臆说》等诸书虽难免为后人所议论，然总有其一己之见解，吾见其学问之深。其余，诸如骑射、笔札之类，无一不晓，且其文章雅健，可为一代宗师。称其为朱明第一人物，谁人谓不可？"盖可谓适当之评。

先生气魄之豪健，乃因其意志之坚定；思想之深邃，乃因其智力之卓越。与其共语者感奋之，与其相接者悦服之，皆因其热情散发于言语眉睫之间。有人评价先生为"百世殊绝之人"，此言亦无溢美之词。人之大业所成，盖因乘机所在。将人生百事比作用兵，则成败之机只在毫发之间。而连续成功者，须明敏于见机，有拔群之才能，但若有一点邪欲之念，其举动必现丑陋。而读先生传记者定能熟察其见机之明敏、内心之高洁。

夫英杰之士不待外界刺激便能感奋兴起，然常人岂能如此？刚毅之士不待外人辅助便能坚韧不拔，然庸人岂能如此？阅读古今伟人之传记，追想其人其事，翻阅其遗作，感其英灵，触其神韵，此效果因智愚不同而有所差异。庸常之士往往智识浅劣，意志薄弱，故其心智难免随见闻而动摇变移。是以吾辈须常求刺激寻辅助之策略，或与当世之杰士相交以鉴其行，或张贴伟人之肖像以强己之敬意，或翻阅先贤之传记以盛私淑之意，或诵读圣贤之遗训以为己修养之资，或赏玩哲人之遗爱以赏其气韵，或拜访豪杰之遗迹以追忆其雄图，或吊唁烧香献花于英雄之坟墓以慰其灵魂。若为薄志弱行之徒，缺少适当之刺激辅助，则放辟邪侈无所不至；若为剽悍狰狞之徒，缺少适当之制裁指导，则残虐暴戾无所不至，必毒害于社会。

先生之传记乃极大感奋人心者是也。惰气生时读之则生勇气，邪念起时读之则归正义之念，胸中沉郁时读之则洒然如洗，志气浮靡时读之则脚踏实地，退婴之心起时读之则生进取之心，姑息苟且之心浮时读之则生活跃之心，厌世之念起时读之则归乐天之念，人生不安之念起时读之则悟人生之稳健，怨恨嫉妒之心生时读之则如抛雪片于烘炉，浮荣虚誉之念起时读之则忽焉归于恬淡高洁。盖先生一生极其多变而有趣，余好读古今人物传记，但未曾见如先生之传记般令人趣味津津而感奋兴起者。故余不顾文笔不良竟敢记述其传记，乞读者莫责余文辞之拙劣，当于言外接近先生之流风余韵。

高濑武次郎

目录

第一篇　王阳明的家世

　　远祖王羲之 ... 001
　　忠义之人 ... 002
　　高洁洒脱之风 ... 003
　　欲借人间种 ... 003
　　小结 ... 004

第二篇　幼少时代

　　出生奇谈 ... 005
　　吴越之地 ... 006
　　地方文化的影响 ... 006
　　不为厌世家 ... 007
　　神童 ... 007
　　足智多谋 ... 009
　　立志从武 ... 010
　　学习经历 ... 011
　　小结 ... 012

第三篇　志向动摇的时代

　　新婚之夜出游 ... 013
　　书法精进 ... 015
　　溺于辞章之习 ... 015
　　谐谑之人变严谨 ... 016
　　初次落第 ... 016
　　再次落第 ... 017
　　热衷武略 ... 018

　　舍辞章文艺而就理学 ... 018
　　进士及第 ... 019
　　建言时务 ... 019
　　偶遇道士 ... 020
　　终悟诗文之弊 ... 021
　　阳明洞中修神仙之道 ... 021
　　厌世之人转向社会活动 ... 022
　　说服禅僧回家尽孝 ... 023
　　展现经世思想 ... 024
　　终以圣学为己任 ... 024
　　小结 ... 025

第四篇　精神磨砺　大彻大悟

　　国是日非 ... 027
　　愤慨时事，被陷入狱 ... 028
　　被贬龙场驿 ... 030
　　遭遇刺杀，被迫投江 ... 030
　　果然无死 ... 034
　　夜宿虎穴 ... 034
　　再会道士受激励 ... 035
　　徐爱投师门下 ... 037
　　谪居之苦 ... 037
　　龙场顿悟 ... 038
　　夷人来服 ... 039
　　提出知行合一 ... 039
　　贬谪获免 ... 040
　　离开龙场 ... 041
　　小结 ... 042

第五篇 第一次讲学时期

治理政绩 ... 043
方叔贤拜师 ... 044
徐爱大悟 ... 045
游山玩水教化门人 ... 045
讲学盛况 ... 046
省察克治 ... 046
惜别诸友 ... 046
改变教法 ... 047
谈论儒释道 ... 047
拟作《谏迎佛疏》... 048
小结 ... 048

第六篇 第一次靖乱时期

受命平定漳南巨贼 ... 049
训诫流寇 ... 050
侦识奸吏 ... 051
《十家牌法》... 051
选拔骁勇 ... 052
讨伐贼寇 ... 053
改革军队组织 ... 054
赏罚严明 ... 055
征讨横水之贼 ... 055
神秘莫测 ... 056
妙用有罪之人 ... 057
乘胜追击 ... 057
巨贼的苦心经营 ... 058
平定桶冈 ... 059
天纵之武 ... 060
设立崇义县 ... 061
一兵未动诛巨贼 ... 061
破山中贼易，除心中贼难 ... 067
直捣贼巢 ... 067
战后经营 ... 068
小结 ... 068

第七篇 第二次讲学时期

刻古本《大学》... 069
完成《传习录》上卷 ... 070
慰劳宴 ... 070
《保甲法》... 071
小结 ... 072

第八篇 第二次靖乱时期

宁王宸濠 ... 073
刺探宸濠 ... 075
贤妃娄氏 ... 075
两位忠义之士 ... 078
侥幸逃过一劫 ... 079
踏上征讨宸濠之途 ... 079
推测宸濠三策 ... 081
征讨的准备与策略 ... 081
宸濠攻陷南康九江 ... 082
宸濠招降王阳明 ... 083
宸濠攻打安庆 ... 084
中王阳明之计 ... 086
大败宸濠 ... 088
宸濠的末路 ... 091
慰劳诸将 ... 092
一难刚去，一难又来 ... 094
遇上奸臣 ... 097
施辱之人反被辱 ... 098
遭奸臣谗谤 ... 100
进退维谷 ... 100
作《啾啾吟》警示世人 ... 102
为小人重奏捷报 ... 103
评论 ... 103
门人冀元亨横死 ... 104
祭奠刘养正之母 ... 104
战后经营 ... 105
王心斋拜师 ... 106

舒芬拜师 ... 107

坦然面对质疑 ... 107

小结 ... 108

第九篇 第三次讲学时期

提出"致良知" ... 109

惦念陆象山的子孙 ... 110

聚门人于白鹿洞 ... 111

论心之动静 ... 111

论忠君孝亲 ... 112

论养生 ... 113

衣锦还乡 ... 113

被封新建伯 ... 114

龙山公寿辰 ... 114

辞封爵以避祸 ... 115

龙山公去世 ... 116

病中辞谢求见 ... 117

乞求普及恩赏 ... 118

淡然面对弹劾 ... 119

阳明弟子被排斥 ... 120

诽谤再起,却毫不介意 ... 120

论讲学 ... 121

论轻傲 ... 122

为南大吉解惑 ... 122

三百余人共听讲 ... 123

六十八岁诗人拜师 ... 124

设宴天泉桥 ... 124

敬畏与洒落 ... 125

论入山静养 ... 126

论圣学无碍科举 ... 126

续刻《传习录》 ... 128

《稽山书院尊经阁记》 ... 128

壁书勉励诸生 ... 129

《拔本塞源论》 ... 130

以良知论礼 ... 130

南大吉致良知 ... 130

讲学与政务 ... 131

良知与见闻 ... 132

天地万物一体与良知 ... 132

去世后的拜师 ... 133

惜阴会 ... 133

致良知 ... 134

关于刻印出书的问答 ... 134

小结 ... 135

第十篇 第三次靖乱时期

奉命再次出征 ... 137

劝徐樾莫入禅定 ... 140

盛况空前的欢迎 ... 140

与三百同仁论良知 ... 141

激励同仁 ... 141

上疏经略建议 ... 142

怀文德之化 ... 143

建学校 ... 144

征讨余贼 ... 144

挂念诸生学业 ... 145

咳疾加剧 ... 146

祭祀增城先祖之祠 ... 147

激励同仁,嘱托家事 ... 148

此心光明,亦复何言 ... 148

殁后之事 ... 149

小结 ... 150

编后记 ... 151

第一篇

王阳明的家世

王阳明姓王名守仁,字伯安,其祖先可追溯至晋朝的光禄大夫王览。据《王阳明年谱》记载,王览乃是琅琊人,到其曾孙王羲之这一辈已经移居到了山阴地区。据明朝文人湛甘泉所作《阳明先生墓志铭》中的记载,文成公(文成是王阳明的谥号)乃大宗伯公王华之子,其祖先可远溯至晋朝高士王羲之,光禄大夫王览。正所谓"夫水土之积也厚,其生物必蕃"。

远祖王羲之

追慕祖先并仿效其言行以此鼓舞自己积极上进,此乃人之常情。虽然王羲之与王阳明相隔一千余年,但在王氏系谱中最为声名显赫并受人敬仰,无人能出其右。王羲之的《兰亭集序》流芳百世、脍炙人口,兰亭便是王羲之与当时的名人雅士饮酒作诗的风雅之地。王羲之自辞官后,便与文人墨客寄情于山水之间。若能亲自去到兰亭所在地绍兴,应当会感受到当地居民对王羲之的赞美与爱戴之情,而且受其影响,当地涌现出众多的书法爱好者。

二人虽相隔千余载,但其风骨气节与言行举止是何其相似。王阳明之所以继承了王羲之的风骨,多半源于他追慕先祖的精神,而祖先遗留下来的家训也影响了他。

在王阳明的年谱中，从王羲之到其二十三世孙、曾官至迪功郎的王寿均有记载。但是至于晋朝的王览是否也是其先祖，时至今日已无法得以确认。称一个相隔一千多年的人为先祖确实多少有些夸张，但俗话说"积善之家，必有余庆"，名门望族血统绵延千年这种可能性也是存在的。

忠义之人

到了王寿这一代，王氏家族自山阴的达溪迁居至余姚，自此这一家族便成为余姚人。王寿的五世孙王纲，字性常，善于识人，文武双全，与诚意伯刘基（刘伯温）是好友，他曾对刘基说："老夫乐山林，异时得志，勿以世缘累我。"但刘基深知他的才能，便向明太祖举荐他。洪武四年（1371年），王纲被召入京，此时他已经七十二岁，但乌发皓齿犹若壮年。明太祖见状十分惊讶，问他对当时国情的看法时，不料王纲对治国之道颇有见地。由此王纲得到太祖赏识，被封为兵部郎中。

当时正值潮州地区农民起义，王纲被任命为广东参议，负责监督军粮。王纲对身边的人说："吾将命尽于此事，以死之心赴之。"他给家人留下诀别信后，便携儿子王彦达乘一条快舟赶赴潮州。他对起义的百姓动之以情、晓之以理，平息了这场内乱。但不幸的是，在返回途中行至增城时，遭遇了海盗曹真并被捕。曹真劝王纲为海盗做参谋。明知会惹来杀身之祸，王纲还是劝导曹真，说道："汝等何许人也？当今圣上下诏平定地方叛乱，汝等应为良民，共享太平。奈何却挑起动乱，岂不是自寻死路？"此话惹怒曹真，王纲被杀。

其子王彦达当时年仅十六岁，见父亲惨死，边哭边骂道："你一并将我杀了吧。"但曹真觉得这二人是父忠子孝，都杀掉的话恐怕会引来不祥之事，于是释放了他。王彦达将父亲的尸骨用羊皮袋包裹好，带回了家乡。

洪武二十四年（1391年），御史郭纯向朝廷上奏了王纲横死之事，朝廷下诏在增城为王纲建立庙宇。而王彦达原本可以因父亲之功获得官职，但是他痛心于父亲的惨死，自称秘湖鱼隐，终生不入仕途。这就是王阳明的五世祖王纲的故事。

高洁洒脱之风

王彦达之子王与准,即王阳明之高祖,精通《礼》《易》二经,曾著《易微》,全篇数千言。明朝永乐年间,朝廷下诏寻找遗落民间的贤人高士,王与准被召,但他拒绝当官,并自号遁石翁,乐于做一平民。

王阳明的曾祖父王世杰,自称槐里子,曾任教于太学。王阳明的祖父王天叙,号竹轩。有人曾著有《竹轩先生传》,称赞他"掬次洒落",赞其人品可比肩晋代陶渊明和宋代林和靖。竹轩公曾任翰林院修撰,他的遗作《竹轩稿》和《江湖杂稿》至今仍流传于世间。自槐里子以下两代均被授予嘉议大夫、礼部右侍郎,并追赠新建伯。

王阳明的父亲王华,字德辉,号实庵,晚年又号海日翁,因他曾在龙泉山中读书,又称龙山公。

欲借人间种

乡中有一富豪听闻龙山公的大名,对其十分景仰,于是将他请到家中并留宿。一夜,忽然有一美女进入其房间,龙山公大惊,连忙避开。美女说道:"先生清勿惊讶,我乃本家主人的小妾,因与主人一直无子,所以想向先生借种。"龙山公回应道:"承蒙贵府主人厚爱才留宿此地,岂能行此不义之事?"这时美女从袖中抽出一把扇子,说道:"此乃主人之命,先生看这扇面便可知。"龙山公看向扇面,果然有主人亲笔题写的五个字"欲借人间种"。看罢,龙山公提笔在其后面又添了五个字"恐惊天上神"。然后声色俱厉地拒绝,并呵斥美女出去。由此事可以看出龙山公品行之高洁。

成化十七年(1481年),龙山公状元及第,官至南京吏部尚书,后被封为新建伯。

龙山公在外为官时常常思念故乡山阴地区的山水胜地,后来便从余姚移居至越城的光相坊。在他身处余姚之时,娶妻郑氏,王阳明亦在此出生。后来王阳明在越城东南方向的四明山建了阳明洞并一度居住于此。

小结

  虽然现在已经无法确切地了解到王阳明父亲及祖先的言行举止，但是从史料记载的一些事迹来看，他们大都淡泊名利，动辄遁入山林隐居，而且都聪敏果敢，明晰事理，讲义气，为公道正义而鞠躬尽瘁。远到王羲之，近至王纲、秘湖鱼隐王彦达、遁石翁王与准、槐里子王世杰、竹轩公王天叙、龙山公王华，他们的为人处世之风，为王阳明指明了人生方向。

第二篇

幼少时代

　　我们一般认为但凡日后能够成为伟大人物、声名功绩传颂于千秋万代的人，理应自幼便异于常人，引人关注。而实际上，他们在儿时尚未受到大家的关注，又何谈详细记载呢。而当此人立足于社会建功立业时，已是其成年之后。此时世人都想了解这些大人物们幼年时的品性、少年时的言行是否与众不同，是否比常人卓越优秀，这也是人之常情。但是获知这些详细准确的事迹是非常困难的。关于王阳明的童年经历也是如此，已经无法确认其真伪。流传下来的几件事，或牵强附会，或夸大其词，令人难以置信。希望下文的叙述能更加贴近事实。

　　明宪宗成化八年（1472 年），王阳明出生在浙江余姚。自古以来，关于伟人的诞生多伴随着各种奇谈。几乎所有的伟人传记中都记载着其幼时被高僧看中或者被看相之人评价异于常人，并以此作为其成就事业的原因。因此随着时间的推移，传说中的伟人会愈加伟大，最终都具备了超乎常人的能力和品德。

出生奇谈

　　据说王阳明诞生时，其母郑氏已经怀孕十四个月。一天夜里，祖母岑氏梦到一位神仙，只见他身着红衣，腰佩美玉，在祥云环绕中，将一个婴儿抱给岑氏。

岑氏被此梦惊醒，就在这时听到一声婴儿啼哭，王阳明降生了。祖父竹轩公听闻此事，感到十分惊奇，于是给孙子取名为"云"。而乡人们听说这个梦的传闻后，将王阳明出生的那座楼称作"瑞云楼"。

据说王阳明直到五岁还不会说话。一天，他正和一群小孩子玩耍时，有一位高僧恰巧经过，他看到王阳明后直摇头叹息："真是一个好孩子，可惜这名字却道破了天机。"原来因为名"云"，所以王阳明不能说话。竹轩公听闻此言，恍然大悟，连忙将其改名为"守仁"。

祖母做梦和祖父改名的故事，听起来都很神奇，我们可以把这些视为某种巧合，而我们更应该了解的是王阳明幼时所受的教育。

吴越之地

古时候吴越之地还是一片荒芜，直到春秋末年，才逐渐兴盛起来，但是彼时文运仍未开启。

吴越地区气候温暖宜人，五谷丰饶，既有陂池灌溉之利，又有丝布鱼盐之饶，这是西北地区所不能相比的。一旦此地文运开启，其发展将会一日千里。到了唐朝，这里更加兴盛。勤劳的人们在此繁衍生息，创造了一片文化繁荣之地。

地方文化的影响

自古以来，吴越素以山清水秀和名胜众多而著称，引得文人墨客纷至沓来。王阳明生于此地，自然受当地文化的滋养，同时祖先遗风的熏陶也令其奋发图强。加上他本人天资聪颖，性格豪迈豁达，日后能够学有所成，成就一番事业绝非偶然。

古语有云："橘生淮南则为橘，生于淮北则为枳。"孟子也曾说："居移气，养移体。"由此来看，地域文化对人的影响是非常大的。

吴越地区地处南方，曾一度成为中国的文化中心之一。王阳明深受南方文化的影响。每当进退维艰之时，他就会萌发远离世俗、遁入山林的念头。而且他曾沉迷于佛老思想，并且流露出厌世的情绪。因为当时正值朝廷奸臣当道，贤臣反而频遭罢黜，各地盗贼横行，国运日渐衰退，难免会使人生出厌世之念，而这些在王阳明的言行中也有所表露。

不为厌世家

王阳明最终没有成为一个厌世的人，反而成为一个积极进取的人。归结原因有以下三点：

一、家族对于忠孝的训诫影响深厚；

二、文武兼备，时代的需要；

三、豪健明敏，明察事理。

王阳明的家庭教育极其注重培养其善良的品质。在此熏陶中，他形成了良好的品质和性格。特别是忠孝，这是王阳明最为重视的。正因为忠君孝亲的思想，王阳明才没有成为厌世之人。他曾经一度想要停止社会活动，返回家乡，在祖母和父亲身边尽孝，但忠君爱国的思想又促使他不得不活跃在官场。这一点在他征讨南方叛乱时舍身奉命的事迹中可以得到体现。

第二个重要的原因是王阳明文武双全，具有雄才大略。在当时的乱世之中若要镇压横行的贼寇，他是不可或缺的人才。当时的兵部尚书王琼极力推荐他，并且十分看重他，这也使他改变了自己的厌世之念，得以建立丰功伟绩。

第三个原因是王阳明性情豪迈的同时又兼具沉稳善思的性格，智慧明敏的同时又能洞察佛老思想的缺陷，从而得以知晓人生的真正意义。

神童

王阳明七八岁时的某一天，突然背诵出祖父竹轩公曾经读过的书，竹轩公大为惊讶，问道："你是何时背过的？"王阳明回答："听闻祖父读书，我便默默记住了。"由此可见，王阳明的记忆能力非同寻常。

成化十七年（1481年），王阳明的父亲龙山公高中状元，进京为官。第二年龙山公请竹轩公上京，于是竹轩公携十一岁的王阳明一同去往京城。

他们途经金山寺时，竹轩公与宾客把酒言欢。畅饮正酣时，大家诗兴大发，于是准备作诗，而未等他们的诗做出来，一旁的王阳明已脱口而出，赋诗一首：

金山一点大如拳，打破维扬水底天。
醉倚妙高台上月，玉箫吹彻洞龙眠。

在座的宾客甚为惊讶，于是又以"蔽月山房"为题让他作诗，王阳明随口便吟诵道：

山近月远觉月小，便道此山大于月。
若人有眼大如天，还见山小月更阔。

听闻此诗后，宾客纷纷赞叹，他们向竹轩公说道："令孙诗才非凡，想必他日定当以文章成名天下。"

这两首诗虽然称不上佳作，但对十一岁的少年来说颇为令人赞叹，而且其中表现的道理，特别是物理学方面的知识，展现出了小诗人的特性。因此后人发现这两首诗后，将其收入《狂诗选》。

王阳明十二岁时开始在京城的私塾就读。然而他性格豪迈不羁，不肯专心读书，常常偷偷跑出来玩耍。他每次都和一群孩子玩打仗的游戏，他把自己制作的大小不一的旗子分发给小伙伴们，让他们手持旗子站立在四周，自己则作为大将在中间指挥。他指挥着伙伴们左旋右转，如同排兵布阵。龙山公看到儿子如此调皮，行为出格，十分担忧。但是，祖父竹轩公坚信孙子有朝一日定会成为不同凡响的大人物。

一日，王阳明和同学一起去市场上游玩，看到一个卖鸟的，他很想要那只鸟儿，但是那人却无论如何也不肯卖给他，两人争执起来。这时有个会看面相的相士经过，看到王阳明后非常惊讶，说道："此子他日必将大富大贵，定当建立丰功伟绩。"于是出钱买下这只鸟送给了王阳明。并且摸着他的头说："接下来我为你相面，你务必记住我所说的话。"相完面后，他说道：

须拂领，其时入圣境；

须至上丹台，其时结圣胎；

须至下丹田，其时圣果圆。

然后他又嘱咐王阳明说："你应当好好读书，自重自爱。我今日所言将来必将应验。"说完就离开了。王阳明有感于这番话，自此之后潜心诵读，每日对着书本静坐凝思，学问日渐长进。在中国，伟大的人物曾得到相士点化的此类故事十分常见，但是我们不能把这些传说看作是其真实的经历。

王阳明曾向私塾的老师提问："何为天下第一等的事？"老师回答说："唯有如你父亲那样考取功名，光宗耀祖，才是第一等的事。"

王阳明却质疑道："考取功名乃是时常发生的事，难道这就是人生第一等的事吗？"老师问他："依你看，何事能称为第一等呢？"

王阳明回答说："唯有读圣贤书，向他们学习圣贤之道，这才是第一等的事。"

这样的事迹在王阳明一生中屡见不鲜。而成为圣贤是他日后的毕生追求，也是他一生的原则，最终也成为现实。

王阳明十三岁那年，母亲郑氏去世。服丧期间，他悲痛不已，痛哭不止，令人动容。

足智多谋

母亲郑氏死后，父亲的小妾升为正室，成为王阳明的继母。但是她对王阳明非常不好，王阳明对此愤愤不平。

一日，王阳明去集市上玩耍，看到有一个人在卖猫头鹰，于是心生一计，花钱将其买下。又出钱雇了一个巫婆，并告诉她一会儿见到继母后应当如此这般地说。然后王阳明就若无其事地回到家中，偷偷地把猫头鹰藏在继母的被子里。继母准备睡觉时，一掀被子，猫头鹰突然飞出来，在房间里盘旋飞转，还发出怪异的鸣叫声。继母惊恐不已，连忙打开窗子想把它赶出去，过了好久才终于赶走这只猫头鹰。

在古代中国，民间十分忌讳野鸟入室，更何况是一只发出怪叫声的猫头鹰，但凡看到的人都认为是不祥之兆，而且是藏在被子里，就更不吉利了。但是在这私人宅院中，床上挂着床帏，铺着厚被，猫头鹰是怎么钻进去的呢？继母对此百思不得其解。而王阳明听闻此事后，对房中发生的一切佯装不知，故意走进房间问发生了何事。继母告诉他事情的经过后，他提议说何不找个巫婆来问问。于是继母立即派人把巫婆找来。

巫婆一进门就断言家中有怪气，看到继母后又说："夫人气色甚是不佳，当有大灾来临。"继母便将被子中飞出猫头鹰这一怪事告之。巫婆听后，说道："此事我得问问当家之神。"于是备好香烛，命令继母跪拜。巫婆将香烛点燃，待其即将燃尽之时，她假装郑氏附体，对继母厉声说道："你待我儿无礼，我将上诉天神，让他来取你性命，刚才那只怪鸟便是我的化身。"

继母信以为真，连忙跪拜，不停磕头，认罪悔过，说道："此后再也不敢虐待您的儿子了。"过了许久，巫婆苏醒过来，对她说道："刚才我看到先夫人，她甚是愤怒，化作怪鸟要摄你魂魄。幸而夫人您认罪悔过，发誓改正，她这才从屋檐下飞走了。"经过这件事后，继母开始好好对待王阳明了。从这件事情我们可以看出，王阳明自年幼便足智多谋。

立志从武

王阳明从十四岁开始学习骑马射箭，熟记兵法，遍读韬略兵书。他曾说过："儒生应当以不知兵法为忧患。孔子曾说'有文事者必有武备'，而今儒生却只会写区区几篇文章，平时巧言令色欺世盗名、追求富贵，以华而不实的文章粉饰太平，然而当国家有难时却束手无策。此乃儒生之羞耻。"

有一次，王阳明与父亲的朋友同游居庸关。他纵览当地山川地形，慨然立下经略四方的大志。

他遍访诸夷各部落和村庄，并进行勘测调查，了解和制定防御计策。他看到胡人便追着他们骑射，但胡人却不敢冒犯他。如此历经一个月后，他才返回北京。

一天晚上，王阳明梦到自己来到伏波将军马援的庙堂中拜谒。马援乃汉朝的大将军。他在梦中赋诗一首：

卷甲归来马伏波，早年兵法鬓毛皤。
云埋铜柱雷轰折，六字题文尚不磨。

之所以梦到这些，皆是因为王阳明平日就钦佩伏波将军马援的军功。当时正值各地水旱灾害严重，盗贼趁机作乱。京城内有石英、王勇一伙盗贼，陕西有石和尚、刘千斤等为非作歹。他们屡次攻占朝廷城池，劫掠府库粮银，但是朝廷军队对他们却束手无策。

面对此种情形，王阳明对父亲龙山公说："我欲上疏朝廷，愿率精兵一万人前去消灭寇贼，镇压平定海内之乱。"龙山公听罢，痛斥道："你是何等狂妄！一介书生妄言，只会丢掉性命。"自此王阳明不敢再提此事，开始专心致志做学问。

学习经历

王阳明自十一岁起在北京居住求学共六年，其间发生的事情，如今已经无法详细获知。但是从一些诗文序中可以得知，王阳明在家中有时会向龙山公请教，说明王阳明除了在私塾外，在家中也有专门学习的地方。王阳明终身坚持修学，很难区分哪一时期是属于他的修学时代。

《阳明先生墓志铭》中说：

初溺于任侠之习，再溺于骑射之习，三溺于辞章之习，四溺于神仙之习，五溺于佛氏之习。正德丙寅，始归正于圣贤之学。

这就是王阳明"五溺一归正"之说。

在他十六七岁的时候，曾向往仗剑走天涯、经略天下的游侠生活，也就是"初溺任侠再溺骑射"的时期。

小结

除了以上内容，王阳明幼少时代的学习经历及其言行，而今已无从详细考证。但是我们仍然可以看出他是一个意气风发的少年，他的言行无不透露出他的真诚和豪放。他爱好杂多，远远超出普通人，再加上受其良好家风的熏陶，崇尚高洁，注重伦常，由此基本可推断王阳明终究不会成为一个凡庸之人。从他身上我们可以看到家庭教育的力量，本就具备卓越不凡的资质，又在一个良好的家风中熏陶成长，这足以影响他的一生。

第三篇

志向动摇的时代

本篇将描述王阳明从十七岁到三十四岁,十八年间的事迹和言行。这一阶段的王阳明锐气有余,但思想尚未成熟。他看到什么便去尝试,听到什么便去学习,会感动于接触到的一切事物。他历经曲折,在烦闷中反复确认自己的志向:是学习宋儒理学的格物致知,还是去考取科举?抑或学习养生深藏阳明洞中,又或者是研究兵法的奥义和攘夷的计策,向上建言边境事务?

他不再饶舌戏谑而变得谨言慎行。他曾欲远离尘世但又念及孝敬父母。此时的王阳明若不是还留有一分孝敬父母之念,恐怕早就成为世外之人了。

这是王阳明一生之中变动最大的时期,虽然他这一生经历了许多的变化,但是这十八年间的变化是最为突出的,所以称之为志向动摇的时代。

新婚之夜出游

孝宗弘治元年(1483年),十七岁的王阳明奉父亲之命回到家乡余姚。归来后他先去往江西,借宿亲戚家中。不久,于洪都迎娶夫人诸氏——江西布政司参议诸养和的女儿。王阳明在岳父一家居住的官舍中完婚。

古人有"三十而有室,始礼男事"之说,与此相比,王阳明算是极早成婚的了,但在当时,这个年龄结婚也是很常见的。据说大婚之日,王阳明偶然间走入供奉许旌阳的铁柱宫。他在大殿的一侧看到一位庞眉皓发的道士盘腿静坐在那里。

王阳明向其叩首问道:"道者何方人士?"

那道士回答说:"我本蜀地之人,因修道而至此地。"

王阳明又问:"您贵姓?"

那人答道:"我自幼便离家外出,早已不记得姓名。世人见我常常静坐,唤我为无为道者。"

再问其养生之术,道士回答说:"养生的秘诀唯一'静'字。如老子之清净,庄子之逍遥,唯有先清净而后才能逍遥。"

然后,他教王阳明导引之法(道家养生的方法,属于呼吸法)。王阳明恍然大悟,于是和道士一同闭目对坐。二人仿若两根枯木,不知日暮,废寝忘食。

而这边诸家发现新郎不见了,便派人四处寻找,直到第二天天亮才在铁柱宫中见到王阳明。他与道士整夜对坐,一动未动,直到奉命来寻他的人催促他赶紧回家时,他才不舍地与道士告别。道士再三说道:"珍重!珍重!"两人就此别过。

由此事我们可以看到,这时的王阳明仍旧豪迈洒脱,不拘泥于规矩绳墨。

日本有学者曾对人说起王阳明的这段经历:"王阳明十七岁娶夫人诸氏,至结婚之夜,先生却不在家,因此不能举行花烛仪式。诸养和大人派人四处寻其行踪,终于在山中看到他与一道士相谈正欢。对此先生解释说昨夜即将回家之时,在山中与此道士邂逅,谈论间渐入佳境,忘却他事,以至劳烦诸位寻找至此。"

的确如此,倘若一个人能够专心致志于一件事情而忘却尘间凡事时,那是何等的愉悦啊!常人在新婚之夜多是对美妻恋恋不舍,不可能专心于其他的事情,更不可能有闲情逸致离开家去拜访道观。而王阳明却能够不受礼法的约束,反其道而行之。

新婚之夜出游并忘记回家的确有些过分,但是王阳明却从中得到无上的愉悦,这是他超乎常人之处。

书法精进

诸养和的官署中储存了大量的纸张,王阳明每天都会用来练习书法,待他要返回余姚时,数箱的纸已经被他用光了。他曾对其他人说:"我刚开始学书法时,临摹古人的字帖,但是只得其形。后来,提笔后不轻易落笔,而是先凝思静想,在心中模拟其形,久而久之才通晓书法。"

王阳明在读程颢的遗作时,对其中的"吾作字甚敬,非是要字好,只此是学"感触颇深,他说:"既然非是要字好,又为何要学?这应该是深思熟虑的。古人深知随时随地只在心上学,若此心精明,字写得好也是自然而然的。"听闻这番话的人无不叹服,此后的学者在论述学习方法时也经常会举出这个故事作为例证。如今流传于日本的王阳明的书法遗作,其字迹豪宕横逸,字如其人,确实如那句话所说"字由心生"。

溺于辞章之习

婚后第二年,十八岁的王阳明携妻子返回余姚。途经广信府时,顺便拜访了理学大家娄谅。娄谅向他介绍了宋儒理学中格物致知的含义,并告诉他:"圣人必可学而至。"也就是说圣人是可以通过努力学习来成就的。王阳明深以为然,立志成为圣贤。

但回到余姚后,王阳明又一改志向,深陷辞章创作,广交文人墨客。当时的情况到底如何,而今已无从考证,但是从王阳明创作的大量纵横自在的诗文来看,所谓"意之所向,笔之所随",文章不仅成为他表达个人意见的利器,辞藻之精练也非同寻常。

王阳明中年之前的文章特别讲究辞藻,句法用词十分严明,而中年以后的文章多止于贯彻自己的主张,对文章词法不甚关注。因此后人重文法者多喜欢他中年以前的作品,但实际上他中年以后的作品则更加意味深长,富含哲理。虽然王阳明不甘于只做一个文学家,但毋庸置疑,他也是明代屈指可数的文豪之一。他的文章与苏东坡相似，流畅明快，毫无滞涩之迹，思想隽永，文字富于变化，豪迈跌宕，文采横溢。

谐谑之人变严谨

弘治五年（1492年），王阳明二十一岁。祖父竹轩公卒于北京[①]后，龙山公为给父亲治丧而回到故乡余姚。在此期间，龙山公命其堂弟王冕、王阶等人与王阳明一起研习经书。王阳明白天与他们一起做功课，晚上则自己搜集经史子集刻苦攻读，经常读书到夜半时分。王冕等人看到他的学业日益精进，自愧不如，说道："他已经将自己的心置于科举考试之外，一心只学圣贤，这岂是我等能比？"

王阳明平日里谐谑豪放，善于交际。一日，他突然悔悟，一改从前的样子，变得俨然端坐，少言寡语。周围的亲朋好友不敢相信，平素诙谐爱说的人突然间变成了一个严谨沉默的人。但王阳明不以为意，一本正经地说："如今我知道以前的放肆之过。蘧伯玉年五十而知四十九年之非。我现在知道还不晚。"受其影响，自此之后王冕等人也逐渐谨言慎行。

王阳明胸襟宽广，豪迈豁达，能言善辩，潇洒磊落的风格一直持续终身，这也是后来四方才俊竞相投入他门下的原因。

当年秋天，王阳明初次参加浙江省的乡试。待到揭榜时，他与另外两人一同考中，一个叫孙燧，一个叫胡世宁。谁料在二十多年后宁王朱宸濠的叛乱中，胡世宁因为向皇帝上疏宁王谋反而被诬陷下狱，孙燧因为没有支持宁王谋反而被杀害，而王阳明最终率兵平定叛乱，这真是一段奇缘。

初次落第

同年（1492年），王阳明为了学习宋代儒学"格物致知"的精髓，跟随父亲龙山公去往北京。他四处搜集相关的著作，潜心阅读。一日，读到"众物必有表

[①] 原文如此，也有学者认为竹轩公当时卒于浙江家中。

里精粗,一草一木,皆涵至理"时,他陷入深思。

王阳明所住的官署中有一大片竹林,于是他打算格竹子以寻求其中的真理,但一无所获,反而因为过于耗费精力最终病倒。由此他认为圣贤是命中注定的,是妄想强求不来的。于是,他因势随俗回归文辞章句的学习。这是他立志路上的又一次变化。通过格物一事来看,此时的王阳明对于性理学说还未深入理解其含义,对于很多说法也是只知其表而未解其意,妄图通过格竹子来寻求形而上的道理,自然是不可能成功的。许多朱子学者以此来贬低和指责王阳明,但再进一步想一下的话,以他后来"心即理"的主张来看,终究是不能赞同朱子主张的,只是我们无法确认当时王阳明的思想已经发展到何种程度。

第二年春天,王阳明参加会试,不料落第,众好友纷纷前往慰问。宰相李东阳在当时的文坛上很有名气,他被王阳明的文采所折服,对他说:"虽然今年没有及第,但是下次的会试你必中状元。你先试着做一首来科状元赋吧。"王阳明当即提笔立就,诸老臣惊叹道:"天才!天才!"但也有嫉妒他文采的人,说道:"若此人及第,眼中还能有我辈之人?"

再次落第

三年时间转瞬即逝,又到了会试的时间。这次因为嫉妒者的打压,王阳明再次落第。这时有位同僚因为落第感到羞耻而郁郁寡欢,王阳明安慰他,说道:"世人皆以落第为耻,而我却以因落第动心为耻。"听闻此言,那人对王阳明深远的精神境界十分佩服。

落第后的王阳明回到余姚,于龙泉山寺结诗社,吟诗作赋。当时辞官回乡的魏瀚也是有杰出才能之人,常常激情满怀地吟诗放歌。他与王阳明一同登山,或对弈或联诗,但凡有佳句出现,多是王阳明所作。魏瀚自叹不如,说道:"老夫当退避三舍。"由此可见,王阳明的确文采出众。

热衷武略

弘治十年（1497年），王阳明二十六岁，身居北京。当时边陲骚乱不断，急报频传。满朝上下仓皇不已，朝廷下令推荐将才，但竟无人应征。对此王阳明叹息道："朝廷虽有举用武官的制度，但是仅能得到骑射刺击之士，而缺少韬略统驭之将才。平时不讲武略，仓皇之时想要用兵，难啊！"于是，此后王阳明开始寄情于战事的研究，凡兵家秘籍无不精心钻研。每次遇到宴请宾客，他都会用果核来排兵布阵，演示开合进退的兵法。日后王阳明之所以能在征讨叛乱中建功立业也是因为这时打下了基础。

一天夜里，王阳明梦到威宁伯王越解下宝剑，将其赠予自己。他喜极而醒，对人说道："我当效仿威宁伯，继承他的职责，垂功名于竹帛。"

舍辞章文艺而就理学

弘治十一年（1498年），王阳明身在北京。他意识到仅靠辞章文艺并不能成为圣贤，于是遍寻天下讲习儒学的良师益友，但并未寻到，心中深感惶惑。当时，他把朱熹的语录反复阅读，玩味思索。当他读到朱熹上疏宋光宗奏折中的这段话：居敬持志，为读书之本；循序致精，为读书之法。王阳明幡然醒悟，悔不当初。自己之前的学习虽然广博，但未曾循序渐进精益求精，最终导致自己的学问不精，一无所获。于是王阳明开始循序渐进，精益求精，力求融会贯通。

然而最终他还是无法深刻理解朱子的"即物穷理"之学说。王阳明心中沉郁，旧疾复发。于是他越发觉得成为圣贤乃自有定数，不是想做就能成的。此后他偶尔听一些道士的养生之道，还萌发了逃脱尘世，隐遁山林的想法。《阳明先生墓志铭》中所述的"四溺于神仙之习"指的就是这一时期。

进士及第

弘治十二年（1499年），王阳明二十八岁，身居北京。这年春天，他再次参加会试，终于成功。后来又参加殿试，被赐予二甲进士出身第七人。

王阳明被派至工部，负责政府的土木工程建设。上文说过在他未考中进士时，曾梦到威宁伯以宝剑相赠。而等他考中后的第一项任务恰好就是奉命前往河南主持修建威宁伯王越的坟墓。

王阳明在前往河南途中，没有选择乘轿，而是自己骑马。当行至一处险峻之地时，坐骑受惊，将王阳明甩到了地上。王阳明胸部受到撞击，当场吐血。随行人员担心他的安危，纷纷劝他乘轿，但王阳明却认为这是一个难得的锻炼骑马的好机会，于是坚持骑马前行。

等到了河南，见到威宁伯王越的后人，王阳明主动上前向他们请教王越的兵法。王越的后人们也很乐意将所知兵法悉数告知。王阳明将兵法应用到了建造工程中。他让所有的工人轮番休息，这样做不但节省了体力，还提高了效率，工程进展得更快了。王越家人为表谢意，送给他一些黄金玉帛，但都被王阳明谢绝了。后来，他们拿出一宝剑相赠说这是威宁伯生前的佩剑，而这正好与王阳明此前梦中情景相符，于是他欣然接受。自此之后，王阳明对兵法是愈发感兴趣了。

建言时务

威宁伯王越的坟墓竣工后，王阳明回京复命。复命当日京城上空有异常星象，朝廷上下担忧不已。明孝宗深感忧虑，下旨要求官员直言进谏，为国分忧。而此时又逢北方少数民族侵犯边陲，于是王阳明上疏一篇《陈言边务疏》，内陈边务八策：

一曰蓄材以备急；二曰舍短以用长；

三曰简师以省费；四曰屯田以足食；

五曰行法以振威；六曰敷恩以激怒；

七曰捐小以全大；八曰严守以乘弊。

从边务八策可以看出王阳明对时事有着精准的洞察力。

王阳明二十九岁时被任命为刑部云南清吏司主事。

偶遇道士

弘治十四年（1501年），王阳明三十岁，受命前往江北审录案件卷宗。王阳明到任后，很多蒙冤入狱的人得以释放，当地百姓无不称赞他公平公正。

处理完公务后，王阳明顺道前往九华山游玩。此外，王阳明还游览了无相寺和化成寺等古刹，每到一处，定会留宿于此。

王阳明夜宿化城寺时，碰见一位姓蔡的道士正在大殿中静坐。这位道士蓬头垢面，衣服破烂不堪，疯疯癫癫。王阳明心想这可能不是一位凡人。蔡道士善谈仙术，于是王阳明毕恭毕敬地以礼相待，向他请教自己是否适合学习神仙之术。

道士摇头。

过了一会儿，王阳明屏退左右随从，将道士引入后亭，再次行礼，又重复了一遍，但是道士仍然摇头。

王阳明继续恳求不已，最终道士对他说：

"你以为你尊敬我并尽到礼数，但我看你一团官相，未忘名位，只是喜欢神仙而已。"

王阳明听后，大笑而去。

游玩至九华山中的地藏洞时，王阳明又听说有一位老道正在山顶修行。听闻这位老道无名无姓，坐卧松针落叶，不食人间烟火，王阳明好奇心起，决定即刻前往拜访。他爬上悬崖，一直爬到山顶，见一老道正在熟睡。王阳明坐在他的旁边。过了好久，老道才醒来，见有人坐在旁边，很是惊讶，他问王阳明："如此险路，如何至此？"

阳明回答："欲与长者论道，才敢不辞劳苦至此。"

老道被他打动，将佛教和道教的要义教给了王阳明，后来又对他讲起儒学，老道说：

"周濂溪（周敦颐）、程明道（程颢）是儒家的两个好秀才。"

王阳明非常享受老道的言谈，直到天黑才不舍离开。待次日，王阳明再去拜访老道时，老道已移居他处。有诗为证：

路入岩头别有天，松毛一片自安眠。
高谈已散人何处，古洞荒凉散冷烟。

多年后，他曾再次写诗追忆述怀，其中有一句"会心人远空遗洞"，是知己已远去、空留一山洞之意，表达的就是他对该老道的追慕之情。

终悟诗文之弊

弘治十五年（1502年），王阳明三十一岁，他在审录完江北有关卷宗后回京复命。当时，王阳明在京城的旧交故友崇尚古体诗创作，还专门成立了诗社，他们邀请王阳明加入，王阳明婉言谢绝，并感慨道：

"吾焉能以有限精力为无用之虚文也！"

之后，他向朝廷上疏，告病辞官。他在上疏中写道："去岁三月，忽患虚弱咳嗽之疾。"由此可知，他这次辞官是因为身体抱恙，希望回家静养。

阳明洞中修神仙之道

王阳明最终回到故里，在四明山的洞中修了一间房子，因为洞在四明山之阳（南面），所以称之为阳明洞。王阳明爱其风景雅致，便隐居于此。他想起结婚当夜在铁柱宫与之对谈的道士的话，就在洞中修炼导引之术，所以阳明洞被当地人称为神仙聚会之所。王阳明的这种行为表现出了他厌世的一面。这时他已经有了避开尘世遁入深山老林的倾向,虽然还不十分强烈,但若是他一心沉迷于道家,未尝不会成为一个世外之人。

厌世之人转向社会活动

王阳明后来对以上经历逐渐悔悟,他说:"这只不过是精神消遣,而非正道。"但他还是无法摒除这种厌世的念头。他向往着能够恢复身心平静,脱离世间尘俗,超然而出世外。但他又难舍祖母岑太夫人和父亲龙山公对他的恩情,犹豫再三也无法下定决心出世。此种心情反反复复之间,他突然领悟到:孝是自孩提时就有的念头,若没有了这个念头,必然也就泯灭了人性,所以这是儒生排斥佛家、道家的原因之一。

如此反复思考后,王阳明认为儒、释、道三者中唯有儒学是为至正。于是幡然醒悟,立志于当世建功立业。

如果王阳明幼时缺少家庭的熏陶而没有孝亲的观念,那么他有可能成为一个丧失人伦道德、失去人生真谛的世外之人。所幸祖母岑太夫人和父亲龙山公注重教育,一直让王阳明保持着天生的美德,才使得他又回归正道。由这件事我们应当明白孝悌是人伦的根基。

此后二十余年才是王阳明一生中的黄金时代。从此他开始积极进取,热衷于建功立业。倘若他依然像从前那样飘逸于尘世之外,沉溺于静坐沉思的话,那他绝不可能成就一番伟业。有时他偶尔也会怀念神仙之术,再加上深受咳嗽旧疾的困扰,偶尔也会去寻求养生之道。有时也会参考佛学,寻求安身立命之地。所谓的王阳明沉溺于佛学可能就是指的这个时期。

但王阳明一生从未放弃学习,只是他的学习内容不是唯一固定的,时而是道家,时而是佛学,唯有儒学是他曾想放弃但终其一生却不舍得放弃的学问。从他以往的经历来看,所谓儒、释、道三者合一在他的思想中并存也是自然而然的。然而王阳明几经反复之后终于悟出佛家、道家的不合理之处,发现其修行的结果与自己的预期是相反的。

说服禅僧回家尽孝

不久，王阳明搬到杭州西湖静养。西湖附近有很多名山胜水，名刹古寺，常有不同寻常的人物隐居于此。王阳明游历天下，总希望能偶遇这些非常之人。一日，他去往虎跑寺游览之时，听闻有一禅僧已在此静坐三年，一语不发，一物不见，于是便去拜访这位僧人。他见到此人后大声呵斥道："这和尚终日口巴巴地说什么，眼睁睁地看什么？"

听闻此言，那僧人被惊得赶紧起身行礼，说道："小僧在此不言不看已三年，施主却说我口巴巴说什么，眼睁睁看什么，何出此言？"

王阳明问道："你是哪里人，离家几年了？"

僧人回答说："小僧来自河南，已离家数十载。"

王阳明又问："家中可有亲人？"

僧人回答："家中只有一老母亲，也不知她是否还活着。"

王阳明再问："你可会时常想起你的老母亲？"

僧人说："怎能不想？"

王阳明说："既然你不能不想她，那么虽然你终日没有开口说话，但是却在心中对自己说了；虽然你终日没有睁开眼睛去看，但是在心中已经看了。"

听到这里，僧人似有所悟，双手合十对王阳明说："先生所言乃妙论，愿闻其详。"

王阳明解释道："孩子与父母之间的爱乃是天性，岂能说断就断？你不能不起思念之情，这是天性。终日独坐于此，只会让你心绪愈发杂乱。"然后又对僧人讲要赡养老母亲的道理。只见话音未落，僧人已是泪流满面，说道："您说得对极了。小僧明日一早就回家，我得赡养我的老母亲。"

待到次日，王阳明再次来拜访时，寺里的僧人告诉他昨日见过的那位僧人一大早已经带着行李返回老家去了。王阳明听闻此事后很高兴，他说："人性本善，在此僧人身上得以验证。"

自此之后，王阳明越发潜心苦读圣贤书。正是因为王阳明自己有一片孝悌之心，所以才能感化出世的僧人，让他回归家乡服侍母亲。这件事说明孝悌乃人之天性，不会随便泯灭。然而此后不久，王阳明却又生出遁世之念，想去做一名隐士。虽然他以孝亲的道理教导了别人，但是此时其本身归于儒学之念尚未足够坚定。

展现经世思想

弘治十七年（1504年），王阳明三十三岁。巡按山东监察御史陆偁久闻王阳明的大名，特派使者前往京城，邀请他担任山东乡试的主考官。王阳明欣然应允，前往山东主持该年度的乡试。

后来的明朝名臣穆孔晖就是在这一年考取了山东乡试第一名。

此次的山东乡试考题皆出自王阳明之手，试题内容涉及分封、清戎、御夷、息讼等。所有的内容都契合时事，据此世人也得以窥见王阳明的经世思想。

王阳明的文章在中年时达到顶峰，而到了晚年，他主要追求达意，文采辞藻只要能够达意即可，遣词造句稍显粗放，但是其学术思想的进步却是日益深远。所以若论观点的精密细微，当推其晚年之作，而《山东乡试录》的序文被称为王阳明作品中的秀逸之作。

终以圣学为己任

同年九月，王阳明改任兵部武选清吏司主事，负责选拔武官的考试，回到北京赴任。当时的学者沉溺于辞章记诵的技巧，而不知身心修行、实用之学为何物。于是，王阳明开始倡导讲学，希望大家首先树立成为圣人的志向。听了王阳明的讲学后，越来越多的人开始醒悟，愿意拜在王阳明门下，跟随他学习。王阳明也开始专心致志地讲学。

但是，当时师道荒废已久，有些人认为王阳明是标新立异，只为博取名声。

只有翰林院庶吉士湛甘泉与其心灵契合,一见如故,终日相谈甚欢。他们共同倡导儒学,终成莫逆之交,一生未变,直到王阳明故去。湛甘泉还为其作了墓志铭。

这一时期,三阳明曾写过一首诗,题目是《赠阳伯》,表达了自己对以前的悔悟,劝对方心向儒学的思想:

> 阳伯即伯阳,伯阳竟安在?
> 大道即人心,万古未尝改。
> 长生在求仁,金丹非外待。
> 缪矣三十年,于今吾始悔。

小结

至此,王阳明终于确定了人生方向。过去三十年的风霜雨雪,虽然历经种种变迁,但如果仅仅把这些看作是王阳明爱好的变化,那么还不足以窥见他内心的力量。他曾沉溺于武侠骑射,也曾迷恋辞章文法,还曾经沉迷于道家与佛家,曾一度要远离尘世遁入山林。他虽然苦恼于没有固定的方向,但这段时期总算是安安稳稳,成功也是接连不断。他心中一定时常感受到一些愉悦。

在这之后的二十多年,王阳明才会真正经历世路艰辛与人生磨难。王阳明一生仅有短暂的五十七年,其间却经历了非比寻常的多次风云变迁。但是无论身处何种境遇,王阳明总能泰然处之,欣然接受,最终收获美丽的果实。

王阳明有超乎常人的资质。有人说他属于多血质性格,倒不如说他是神经质。但是他不同于世间普通的神经质,不会像他们那样过于忧虑愤慨,不会为了保全自己而失去本分。王阳明个性洒脱,幽默风趣,胸襟宽广。他的为人处世,总是忙中自有闲日月,苦中也能乐天地,真可谓是度量超凡。

他聪明睿智,无论遇到何种难事,总能顺势化解;无论遭遇何种难关,都能顺利渡过。所以说自少年时代遭遇的许多事情都磨炼了他的才能,无论是国家大事还是一己之私事,他都可以处理周全。曾经经历过的所有挫折和他强大的意志力，使得他百折不挠。

王阳明资质非凡，过去的百般经历使他能够根据事情不同的外在表现准确地把握其本质所在。正因如此，此后的王阳明成为单纯的儒学之徒，不再陷入迷茫。过去的三十余年对于王阳明来说是一个提升修养的时期，而接下来的二十年将是他施展抱负的时期。

第四篇

精神磨砺 大彻大悟

本篇主要叙述自王阳明三十五岁时因上疏得罪宦官而被没入大牢，继而被贬至龙场驿站，到三十九岁升任庐陵县知县这四年间的事迹。虽然只有短短四年，但王阳明在这期间遭受了千辛万苦，精神得到了磨炼，迎来龙场悟道。这一时期也是值得我们反复阅读和思考琢磨的部分，其中的乐趣言之不尽。

国是日非

明朝初年，明太祖朱元璋即位之后吸取了历代宦官专权的历史教训，严禁宦官参与朝政。但是燕王朱棣篡位之后，疑心以前的宿将旧臣不服从自己，于是任用宦官作为内应，并极度信任他们，由此宦官逐渐开始左右朝政。

明英宗朱祁镇在位时，先是重用宦官王振，然后是曹吉祥。英宗之子宪宗在位时，则是重用宦官汪直。待到明武宗朱厚照执政时，大宦官刘瑾得以专政，他排挤贤臣，祸乱朝纲。宦官滥用权威，奸佞之臣当道，他们争相对百姓课以重税。一时间百姓皆怒，盗贼四起。直隶、山东、河南等地几无宁日。当时的有识之士上为朝廷弊政而愤慨，下为流寇猖獗而担忧。王阳明也是为国家上下深感心力交瘁的其中一人。

弘治十八年（1505年），明孝宗日渐病重，他把内阁大臣刘健、李东阳、谢迁等人召集到身边，向他们托付后事："朕深知众卿为国事辛苦不已。如今太子年幼，贪图逸乐，需要你们教他读书，辅佐他成才。"刘健等人感激涕零，接受遗命。明孝宗驾崩，明武宗即位。

明武宗还是太子时，身边主要有刘瑾等八人服侍，人称"八虎"。待到明武宗即位后，此八人干涉朝政，国势日衰。刘健、谢迁等人相继上疏斥责八虎之罪，请求依法治罪于他们。就在几位大臣密谋除掉八虎以绝后患之时，事情走漏风声，传到刘瑾等人那里。

刘瑾一党来到皇帝跟前，围着御座跪地痛哭："如今下臣竟敢妄言主上，皆因司礼监无人管事。"皇帝听闻此言，居然命刘瑾掌管司礼监。自此之后，朝政大权全部掌握在刘瑾手中。一时之间，刘瑾权倾朝野。刘健、谢迁等人感到大事不妙，纷纷辞官而去。李东阳因为与刘瑾有旧交，没有辞去官职。

愤慨时事，被陷入狱

正德元年（1506年），南京科道戴铣等人上疏朝廷，弹劾宦官刘瑾等人。奏折中说："皇上新政，宜亲君子远小人，不宜轻斥大臣而任用宦官。"刘瑾等人闻之大怒，对皇帝说这是诬陷，并斥责戴铣等人上奏内容过于狂妄，最终将他们逮捕投入狱中。

王阳明此时任兵部主事，知晓此事后，愤慨不已，率先上疏朝廷欲搭救戴铣等人。其上疏中写道：

> 臣闻君仁则臣直。……但铣等职居谏司，以言为责。其言而善，自宜嘉纳施行；如其未善，亦宜包容隐覆，以开忠谠之路。乃今赫然下令，远事拘囚，在陛下之心，不过少示惩创，使其后日不敢轻率妄有论列，非果有意怒绝之也。下民无知，妄生疑惧，臣切惜之。……然则自是而后，虽有上关宗社危疑不制之事，陛下孰从而闻之？陛下聪明超绝，苟念及此，宁不寒心！……伏愿

陛下追收前旨，使铉等仍旧供职，扩大公无弦之仁，昄改过不吝之勇。圣德昭布远迩，人民胥忭，岂不休哉！

此奏疏惹怒了刘瑾，下令逮捕王阳明，并处以四十廷杖。他指派心腹监督廷杖之刑，行杖的人加大了力气。王阳明被杖罚之后昏死过去，然后被投入监狱。王阳明在狱中作诗十四首，每首都饱含痛愤至极之情。今抄录两首于此：

见月

屋罅见明月，还见地上霜。
客子夜中起，彷徨涕沾裳。
匪为严霜苦，悲此明月光。
月光如流水，徘徊照高堂。
胡为此幽室，奄忽逾飞扬？
逝者不可及，来者犹可望。
盈虚有天运，叹息何能忘！

屋罅月

幽室不知年，夜长昼苦短。
但见屋罅月，清光自亏满。
佳人宴清夜，繁丝激哀管。
朱阁出浮云，高歌正凄婉。
宁知幽室妇，中夜独愁叹。
良人事游侠，经岁去不返。
来归在何时？年华忽将晚。
萧条念宗祀，泪下长如霰。

被贬龙场驿

王阳明后被贬谪到贵州龙场驿担任驿丞,这一年他三十五岁。当时,父亲龙山公还任礼部侍郎,身居北京。听闻儿子被贬谪到龙场的消息后,龙山公高兴地说:

"吾子得为忠臣,垂名青史,吾愿足矣!"

正德二年(1507年),三十六岁的王阳明踏上前往龙场赴任的艰险之路。刘瑾仍不放过他,派了心腹分两路尾随,密切观察他的言行举止。王阳明到达杭州府时,正值炎热酷暑,积劳成疾旧病复发,于是暂居胜果寺休养。

遭遇刺杀,被迫投江

王阳明在胜果寺住了两个多月。一天下午,他在廊下纳凉,书童仆人都不在身边。这时,两名头戴矮帽、身穿便服,貌似捕快的壮汉突然闯入。他们腰里挂着大刀,操着北方口音,问王阳明:"官人可是王主事?"

王阳明应声回答:"我是兵部主事王守仁。"

于是,那二人一边说着"吾等有事相告",一边把王阳明拽向门外。被架着走了一段路后,王阳明问他们:"这是要带我去向何处?"

二人回答说:"跟我们前行便知。"

王阳明说自己有病在身,无法行走。那二人却说:"强行便是。道路不远,我等左右相扶便可。"

王阳明没有办法,只好任由他们挟持而去。大约走了一里多路,另外两名男子从后面追上来。王阳明看了一眼,觉得面熟。追上来的那两人问王阳明:

"官人可还认识我们?我等乃胜果寺附近的沈玉、殷计是也。素闻官人乃当世之贤者,平时不敢请见,适闻有捕快挟官人而去,恐不利于官人,特追至此处看看官人是否安全。"

两名大汉听完,脸色骤变,对沈、殷二人说:

"此乃朝廷罪人,汝等如何得以亲近?"

沈、殷回答说：

"朝廷已贬谪其官职，又为何给他加罪？"

那两名大汉不管不顾，欲继续挟持王阳明前行。沈、殷二人也紧随其后。天色渐暗，他们来到江边的一处空房子内。两名大汉偷偷在沈、殷二人耳边低语说：

"吾等实奉主人刘公之命来杀王公。汝等勿干涉，应速速离开。"

而沈玉却说：

"王公乃现今之大贤，任其死于刃下，不亦惨乎？且遗尸江中，必连累此地，此事决不可行。"

两名大汉听罢，沉思道：

"汝言亦是。"

于是，两名大汉拿出一条一丈多的绳子，投给王阳明，说道：

"许你自缢，如何？"

沈玉又说：

"绳上死与刀下死，其惨状同一。"

两名大汉听罢大怒，不约而同拔刀而出，厉声问道：

"此事不完，我无以复命，亦必死于主人之手。"

殷计对他们说：

"足下不必发怒，令王公夜半自投江中而死．既保他全尸，又不连累我们，足下亦可以了事回复主人刘公，岂不妙哉？"

两名大汉低头耳语，少顷把刀收回鞘中，对沈、殷二人说：

"如此或许可以。"

沈玉接着说：

"王公将命尽此夜，吾等且买酒共饮，使其醉而忘记今日之惨状。"

两名大汉答应了这一提议，把王阳明锁在屋里。王阳明对沈、殷二人说：

"我今夕固然必死，到时烦请报与家人来为我收尸。"

沈、殷二人回答说："欲报尊府必须还得有官人手笔，方可准信。"

王阳明说："我袖中虽有白纸，奈何无笔。"

二人说:"我们会于酒家借之。"

沈玉和其中一名大汉买酒去了,殷计和另一名大汉守门看着王阳明。过了一会儿,沈玉他们买酒归来。一名大汉打开房门,放他们二人进去。二人拿着各自的酒杯进去后,沈玉把酒杯斟满,献给王阳明时,不禁泪如雨下。王阳明安慰他说:

"我得罪朝廷,自知将死,吾不自悲,你又何必为我悲乎!"

说完接过酒杯一饮而尽。殷计也献上一杯酒,王阳明也喝了。但毕竟酒量有限,待他们再敬酒时,王阳明推辞道:

"我不善饮酒,承蒙二位厚爱,愿意为我转呈家书于远方亲人,我这就去写。"

沈玉将笔递给王阳明,王阳明从袖中取出白纸,挥笔赋诗一首:

学道无成岁月虚,天乎致此意何如?
身曾许国惭无补,死不忘亲恨有余。
自信孤忠悬日月,岂论遗骨葬江鱼!
百年臣子悲何极,夜听涛声泣子胥。

写完第一首后,王阳明诗兴未尽,于是又写了一首:

敢将世道一身担,显被生刑万死甘。
满腹文章方有用,百年臣子独无惭。
涓流归海今真见,片雪填沟旧亦谈。
昔代衣冠谁上品,状元门第好奇男。

做完两首诗后,王阳明又写了一篇绝命辞,并在最后用篆书题了十个字。在这篇绝命辞中,王阳明表明了自己投水自杀之意。沈、殷二人将此事报与两名大汉。那两人本不识文字,但见王阳明的笔法刚劲有力,行笔无丝毫停顿,面面相觑惊叹以为天才。王阳明边写边吟,还不时劝他们喝酒,很快他们就有了醉意。四人还互相劝酒,最后皆酩酊大醉。

将近午夜，云月朦胧，两名大汉趁着酒兴逼迫王阳明投水自尽。王阳明先是向二人表达了保他全尸的谢意，然后便径直走向江边。到岸边后，他回头对沈、殷二人说：

"务必报与我家人。"

说完，王阳明便从河滩向河中走去。

那两名大汉一开始还跟着，但一是因为喝得太醉，二是河滩上已经涨潮，想追上也不容易，他们便不再跟随了。二人站在岸边，远远地望着。突然，好似听到了什么东西落水的声音，他们便以为王阳明已经投江。这一声响之后，一切又归于宁静。

两名大汉在岸边站了好久，但还是不太放心，于是又沿着岸边去搜寻。他们在岸边发现了一双鞋，在水中还漂着一件薄绢头巾。二人相视而言：

"王主事果然已死。"

二人本打算将这两件物证一并带走回京复命。这时，沈玉对他们说：

"留一物在，使来此处的人见到，便知王公入水，若传至京城，亦可作汝等复命之证据。"

两名大汉觉得不无道理，于是留下鞋子，只拿着头巾回去了。

回过头来再看胜果寺。之前外出的仆人们回到寺庙后发现王阳明不见了，于是去问寺里的住持，结果住持也不知情。众人提着灯笼彻夜四处寻找，但没有找到任何踪迹。当时，王阳明的弟弟王守文恰好在杭州，仆人们便把王阳明失踪的消息告诉了他。王守文把此事报告给官府，让省内的官吏和胜果寺的僧俗四处搜寻。就在这时，沈、殷二人找到王守文，向他讲述了事情的经过。王守文接过王阳明留下的两首诗和绝命辞一看，确认是兄长的亲笔后，悲恸痛哭。过了不久，又有人捡到了河边的那双鞋，并且报告了官府，官府派人把鞋转交给王守文。至此，众人都确信王阳明真是溺水而亡了。王守文将王阳明留下的两首诗和绝命辞寄回老家，家人看到后无不悲痛欲绝。

父亲龙山公派人去捡到鞋子的江边，到王阳明落水的地方打捞，一连数日，均一无所获。王阳明的弟子们听闻这一消息后，无不悼惜悲痛，唯独徐爱不相信，他说：

"先生必未死。天生王阳明，再兴千古之绝学，岂能因如此小事使其死乎！"

果然未死

其实王阳根本没有投江自尽。不过，很多人认为他已经溺水而亡了。那两个刺客也确信他必死无疑，安心地回京复命了。

事实是王阳明独自去往江边，故意脱下鞋子放在水边留下证据，再解下头巾抛入水中，然后搬起一块大石头投向水里，伪装成自己已经跳水自杀的样子。当时已是天黑，远远望去什么都看不清，那两名刺客只听到了落水声，也不知其真伪，就以为事情已了。其实，何止是那两人，就连沈玉、殷计也不知道王阳明实际上并没有死。

王阳明沿着江边继续往前走，走了好远终于发现了一个可以藏身的洞穴，于是就藏身其中。次日，一艘商船从此经过，他随即搭上此船。船夫可怜他没有穿鞋，就送给他一双草履。七天之后，小船抵达舟山岛。当天夜里，王阳明在此又换乘别的船只。可惜偏偏遇上了暴风，一夜之后小船不知被吹到了何处。上岸一问，原来竟到了福建东北边界。巡航的兵船发现王阳明样貌并不像商人，觉得可疑，于是逮捕了他。王阳明只好表明自己的身份：

"我乃兵部主事王守仁也。因得罪朝廷受到廷杖，贬为贵州龙场驿驿丞。自念罪重，欲自引决，投身于钱塘江中。谁承想大难不死，得来此处。"士兵们听罢，感慨他的一番奇遇，于是拿出酒菜款待王阳明，并派一名士兵前往官府禀报。王阳明知道一旦官府干涉就再难脱身了，于是趁机偷偷地溜走了。

夜宿虎穴

王阳明沿着人迹罕至的山路，狂奔三十余里[①]，来到一座古寺前。这时天已

[①] 原文为三里余，恐为笔误。

昏黑，王阳明叩响了寺门，请求借宿一晚，可寺内的僧人却以"寺庙平素有禁约，不留夜客歇宿"为由谢绝。

寺庙旁边有一野庙，废弃已久。其实这座野庙是一处虎穴，以前曾有游客误入野庙而被老虎吃掉。但王阳明一概不知，既然进不得古寺，那就只能夜宿这野庙了。他实在是太疲劳困乏了，一进野庙就在香案前熟睡过去。这天夜里，有一群老虎围在野庙周围咆哮不已，但却没有进入庙内。

天明之后，四周一片寂静。寺僧在半夜听到虎啸之声，以为半夜来投宿之人肯定已经葬入虎腹，于是进入庙中欲将王阳明的行囊和财物据为己有。当寺僧进去后，王阳明尚未醒来，寺僧以为他是个死人，于是就用棍子敲了一下他的脚。王阳明栗然而起，反而把寺僧吓了一跳。寺僧说：

"公非常人也，不然当能入虎穴而不受伤？"

王阳明茫然不知，反问：

"虎穴安在？"

寺僧回答说：

"此神座下便是虎穴。"

（废弃的寺庙成为虎穴，姑且可以信之。不知此处为虎穴而夜宿其中，亦犹可信之。然而，在群虎咆哮之旷野竟然有一座寺庙，终将难以置信。毫无疑问，这是后人附会猛虎，来增加王阳明事迹的神奇之感。）

寺僧心中惊奇不已，于是邀请王阳明回到寺中，招待他吃早餐。

再会道士受激励

用完早餐，王阳明偶然间走到殿后，见一老道正在打坐。道士看到王阳明后，立刻起身，惊讶地问他：

"贵人是否还记得无为道者？"

听到这话，王阳明定睛一看，站在眼前的原来竟是二十年前，自己结婚当日在铁柱宫见到的那位老道。过去了这么多年，无为道者的容貌毫发未变，宛如数年前的样子。老道对他说：

"之前约定二十年后相见于海上，我没有欺骗你。"

王阳明欣喜不已，恰如他乡遇故知，于是二人又对坐谈论起来。他问无为道者：

"我今因逆臣刘瑾蒙冤，幸得逃生。打算隐姓埋名，不知何处可以容身，望乞指教。"

道士听罢，对他说：

"你没有亲人了吗？万一有人说你未死，逆臣刘瑾必会迁怒于你的父亲。如果他们诬陷你反叛逃亡，你又如何自辩清白？你将进退两无据啊！"

无为道者为王阳明写了一首诗：

二十年前已识君，今来消息我先闻。
君将性命轻毫发，谁把纲常重一分。
寰海已知夸令德，皇天终不丧斯文。
英雄自古多磨折，好拂青萍建大勋。

王阳明被无为道人的孝道之言说服，并且因他的激励鞭策而感动，于是决意前往贬谪之地赴任。这应该是王阳明第二次因孝道之念摒弃了厌世的念头。王阳明也挥笔在大殿的墙壁上题诗一首：

险夷原不滞胸中，何异浮云过太空。
夜静海涛三万里，月明飞锡下天风。

艰难悲痛至极之时，却能激发出如此豪迈有为的精神，令人佩服。

王阳明辞别道者时，无为道人对他说：

"我知道你旅费匮乏。"

于是从行囊中掏出一锭银子给了他。王阳明拿着这锭银子，穿过小道来到武夷山，游览完武夷山后，又去到铅山。在经过广信府时，他再次拜会了理学家娄谅。娄谅见到他，十分惊讶：

"之前听闻你溺死江中，后又传因你的仁义而被人搭救，正未知虚实。今日得以相遇，乃是儒家之大幸。"

王阳明说："某幸而未死，将前往贬谪之地。但恨未见老父一面，恐其忧疑成病，因此忧心忡忡。"

娄谅对他说："逆臣刘瑾迁怒于令尊大人，已将其贬官了。此去归途便可见上一面。"

王阳明听罢，大喜。娄谅留王阳明住了一晚，资助其若干路费。随后，王阳明径直前往南京去看望父亲龙山公。父子竟意外相见，如枯木开花，喜不自胜。居住数日后，王阳明不敢久留，随即收拾行李辞别家人，携仆从三人前往贵州，赴龙场驿驿丞之任。

徐爱投师门下

当时，徐爱等人已经拜王阳明为师，王阳明也乐于为师。徐爱既是王阳明的弟子，同时又是他的妹婿，所以两人的关系十分亲密。在王阳明将要赴龙场之际，徐爱表示有志于儒学之道。

徐爱和蔡宗兖、朱节同在乡试中取得好成绩，王阳明做了一篇《别三子序》赠予三人，以示鼓励。当时的王阳明锐意进取，热心讲学，虽不时有弟子投师于门下，但是一直没有挺身而出、以儒学为己任者。如今徐爱担起了这个责任，此后，他也一直辅佐王阳明，做出了很大的贡献。正德三年（1508年）春，王阳明抵达了贵州龙场。

谪居之苦

龙场地处贵州省西北部，在万山丛棘中，蛇虺成群，瘴疠虫毒肆虐，苦不堪言。当地原住民说的话如同鸟语一般，难以理解。言语相通者，大都是来自中土的亡命之徒。当地没有像样的房屋，只是把土堆起来做成个洞穴，栖居其中。

王阳明来到龙场之后，教当地原住民伐木做地基，架木为房梁，割草盖屋顶，建造房屋。当地民众纷纷效仿，第一次有了像样的栖息之所。

当地百姓见王阳明的住所潮湿简陋，于是就另外伐木，给他建成了更为宽敞的住所。王阳明在住所周围种上竹子，又栽上一些花卉，朝夕在此吟诗作赋，并渐渐地习得了当地的方言。于是，王阳明开始把礼、义、孝、悌的思想传授给当地百姓，一传十，十传百，很多其他地方的原住民也都专门跑来听他讲学。王阳明总是耐心地开导他们，从不会露出倦怠之色。

过了一段时间，王阳明收到一封家书，信中写道：

"逆臣刘瑾闻先生未死，且侦察得知父子相会于南都，越发忌恨，假借圣旨勒令龙山公退职还乡。"

看到此信，王阳明的思亲之念更为强烈，十分担心父亲。

龙场顿悟

王阳明曾说：

"刘瑾愤怒尚未得解。得失荣辱，皆可付于度外。惟生死一念，自省未能超脱。"

于是，王阳明在房后凿石为椁，夜夜端坐其中，一求心静。渐渐地，他的内心变得超然洒脱，身体也变得年轻有活力，逐渐把自己所处夷地的艰辛和苦难全都忘却了。不过，仆人们却不堪忧虑，屡屡患病。王阳明亲自砍柴挑水煮粥照顾他们。因担心仆人们的抑郁之情，王阳明又是咏诗，又是唱家乡的俗曲，或者跟他们开玩笑，以适合他们心情的方式来排解和疏散他们的抑郁。

有时王阳明会想：如果圣人遭遇如此之困难，一定有比我更好的处理方式吧。我之所以还不能如圣人一般，恐怕是因为我还未达到圣人的境界。

一天夜里，王阳明在梦寐恍惚之间，忽然悟到了格物致知的奥义，就好像有人告诉他一样。他不禁欢呼雀跃起来，把身旁正在熟睡的仆人都给吓醒了。从此，王阳明胸中洒脱，终于达到了豁然大悟的境界。

王阳明所悟就是后来他所提倡的"心即理"。用一句话解释就是：圣人之道，吾性自足，求理于事物者大误也。如果说得再详细一点就是，自己的心性是一切事物的根据和标准，我们不应该向外界的事物去求"理"。因此，王阳明把"格物"解释为"正言、正听、正动、正思"，而"致知"则是达到人类固有的良知。

王阳明对"格物致知"的解释与朱熹大相径庭，表现出他特有的见解。王阳明的龙场悟道可谓是阳明心学的曙光。自此以后，王阳明的思想日益精进，最终成为集大成之学。

夷人来服

王阳明在龙场住久了以后，和当地夷人日益亲密，而且很多游学而来的学者也不时聚集于此。这引起了思州太守的不满，他派人到龙场侮辱王阳明。对此，当地夷人都非常气愤，就一起把那人痛打了一顿。思州太守勃然大怒，立刻向上级官员报告了此事。按察司副使毛应奎命令王阳明向太守道歉。王阳明写了一封信回复，客观地描述了事情的来龙去脉。思州太守也读了这封信，惭愧不已，对王阳明心生佩服。

王阳明声名远播。贵州的水西宣慰使安贵荣也听闻了王阳明的英名，派人送来了米、肉，还配给他仆人，并赠送金帛鞍马。王阳明坚决推辞。后来，有酋长发动叛乱，威胁到地方安宁。王阳明非常担心，便给安贵荣写了一封信，晓之以利害。看完信后，安贵荣面露悚然之色，赶紧率兵平复了叛乱，从此百姓生活得以安宁。王阳明的事迹在当地传播开来，人们对王阳明礼敬有加。

提出知行合一

贵州提学副使席元山素来潜心于理学，一直以来久闻王阳明的大名，于是在正德四年（1509年）派人将王阳明接入贵阳府城，向他请教朱学与陆学的异同。而王阳明却没有谈及朱陆之学，而是向其介绍了自己悟得的"知行合一说"，这是王阳明一生中初次提到知行合一说。

席元山一开始抱着怀疑的态度离开,不过第二天又来了,向王阳明请教"致知"和"力行"究竟是一层工夫还是两层工夫。王阳明回答说:

"知行本自合一,不可分为两事。就如称其人知孝知悌,必是已行过孝悌之事,方许能知。又如知痛,必然已自痛了;知寒必然已自寒了。知是行的主意,行是知的工夫。古人只为世人贸然胡乱行去,所以先说个知,不是划分知行为二。若不能行,仍是不知。"

然后王阳明举出五经诸子的话来进行证明。席元山渐渐悟出其中道理,往返数次请教之后,他觉得自己豁然大悟,说道:

"圣人之学复睹于今日,朱陆异同,各有得失,无事辩诘,求之吾性本自明也。"

后来席元山等人一起修复了贵阳书院,亲率贵州诸生拜王阳明为师,而且一有时间就前来听讲。

贬谪获免

正德五年(1510 年),安化王以"诛刘瑾"为名挑起叛乱。朝廷命令杨一清统兵,由太监张永监军,率兵征讨。历经十九天,终于平定了叛乱,杨一清献俘于朝廷。

与此同时,杨一清又暗中劝诱张永向皇上密奏刘瑾的罪状。张永依计行事,遂向明武宗密奏。明武宗最终听取了张永所言,将刘瑾满门抄斩,并将其余党也一并诛杀。因刘瑾而得到官职者全部被罢免,勇于直谏的官员被召回并官复原职。王阳明也是这个时候被免除了贬谪。

在谪居龙场的两年间,王阳明虽然尝尽千辛万苦,但也是在这里才得以豁然大悟。他已经超脱于得失荣辱的境界,并且终于得以贯彻生死之理,达到了尽人事、知天命的境界。他悟出了只应依赖于自己的心性,而不要依赖于外物的道理。至此,王阳明的精神修养已经成熟,泰然自若。无论遇到何种难事都能岿然不动,廓然而大公,物来则顺应,心如明镜止水,寂然不动。

中国有句古话叫"艰难困苦，玉汝于成"，其中含义在王阳明的经历中体现得淋漓尽致。虽于偏隅之地谪居两年，但是王阳明的学问却无时无刻不在进步，进而获得了巨大的成就。这是前三十年间积累的素养以此为契机一并迸发的结果。

离开龙场

这一年，王阳明被任命为江西庐陵知县。临行之际，缙绅士民纷纷前去送别，相送者达数千人，大家在依依不舍中惜别王阳明。

当年在赴任龙场的途中，王阳明曾在沿途讲学。这次前往庐陵的路上，又经过常德府等地，之前在此巡游讲学时的听众又都聚集过来。当看到自己的弟子冀元亨等人时，王阳明颇感欣慰，对他们说：

"谪居两年，没有可以倾诉之人。归途何其有幸，得以见到诸友。过去在贵州教授知行合一时，大家都有不同的观点。而今日与诸生静坐于此，自悟性体，希望恍然之中有悟道者。"

在离开后的旅途中，王阳明曾写信给冀元亨等人，信中说：

"前日所说的静坐一事，不是欲坐禅入定。我们平日被事物纷扰，是因为我们不知道这是私欲，而行了私欲。因此，静坐是收放心的一段工夫而已。'才学便须知有用力处；既学便须知有得力处。'诸友宜在此处着力，方能进步，到时才有得力之处。"

这是王阳明担心后辈陷入空禅，才循循善诱写信嘱咐他们。王阳明还曾经在梦中突然醒来，写下述怀诗：

> 江日熙熙春睡醒，江云飞尽楚山青。
> 闲观物态皆生意，静悟天机入窅冥。
> 道在险夷随地乐，心忘鱼鸟自流形。
> 未须更觅羲唐事，一曲沧浪击壤听。

小结

不入虎穴,焉得虎子。不被置于死地,又怎会知道生死的滋味?谪居龙场的这段时间,王阳明阅尽人间艰辛,历尽人间苦难,这些都非常人所能承受,因此他所收获的也令人赞叹。

在此期间,王阳明所表现出的热诚、忍耐、智略、决断、修养、宽容等品格,也是值得我们深思和学习的。当然,王阳明的经历是无法复制的,不可能适用于我们每个人的人生道路。不过,我们可以从王阳明的事迹之中汲取精神力量,并借鉴学习有关经验。

第五篇

第一次讲学时期

虽说王阳明在讲学方面未曾荒废片刻，但不同时期内容有所差异，有时以提升自我修养为主，有时以教育门人为主，有时则因带兵出征而不能专心讲学。但各个时期之间并没有严格的界限划分。我们暂且将谪居龙场，即王阳明三十八岁之前的这段时期称为提升自我修养的时期；将其三十九岁至四十五岁这段时期称为第一次讲学时期。

治理政绩

正德五年（1510年），王阳明三十九岁，出任庐陵县令。王阳明为政时，不用刑罚来彰显自己的威望，而以开导人心为根本。上任伊始，他遍询县内老吏，调查各乡贫富奸良的事实。对于案头积压的诸种诉状，他也不轻易断案。他沿袭明初的制度，慎重挑选"里正三老"，让他们坐在"申明亭"中，但凡有前来诉讼之人，先由他们去进行调解劝说。很多百姓都是带着怒气而来，但经过调解劝说之后，有些人最终打消了诉讼的念头，涕泣而归。由此，当地图圄日清，风俗大变。

王阳明在庐陵县任职七个多月，发布告示十六回，大抵都是劝慰父老，教导子弟,切勿放荡淫乱等。当时,庐陵城中经常发生火灾,王阳明就在城内各处布置消防设施,以此杜绝了火灾之患。王阳明虽然在此任期短暂,但是他的政绩却不少,其施政方略影响深远。

这年冬天,王阳明入京朝觐。在京期间,寓居大兴隆寺。回京第二天,他与储柴墟等人一起探讨"良知"的奥义。时任后军都督府都事的黄绾请求好友储柴墟引荐,前来拜访王阳明。王阳明与他相谈甚欢,问道:

"此学失传已久,你是从何处听说?"

黄绾回答说:

"我虽粗有志,但实际还未用功。"

王阳明说:

"人唯患无志,而不患无功。"

黄绾叹服不已,后来拜王阳明为师,投入其门下。

正德六年(1511年),王阳明四十岁,被任命为北京吏部验封清吏司主事。

方叔贤拜师

正德六年(1511年),王阳明任会试同考试官。这段时间,他一刻也未曾荒废读书讲学,前来听讲者众多。其中有一位叫方叔贤的人,时任吏部郎中。方叔贤的官位虽在王阳明之上,但听完王阳明的讲学后,感悟颇多,于是就拜王阳明为师。王阳明曾赠诗给方叔贤,诗曰:

> 休论寂寂与惺惺,不妄由来即性情。
> 笑却殷勤诸老子,翻从知见觅虚灵。

同年,王阳明升任文选清吏司员外郎。是年,他撰文鼓励湛甘泉讲学。

这一时期,他门下的弟子日益增多,穆孔晖、黄绾等都是当时的佼佼者。此外,徐爱等弟子也来到京师,一同接受王阳明的教导。

徐爱大悟

正德七年（1512年），王阳明升任南京太仆寺少卿。在赴任途中，王阳明顺路回家乡省亲。同年，徐爱被提拔为南京工部员外郎。两人同舟返回故乡。在船中，王阳明向他讲述了《大学》的要旨。徐爱听后，悟道："胸口混沌复开，仰思尧、舜、孔、孟之言，人各不同，其旨则一。"

在王阳明的所有弟子中，徐爱是最尊敬和亲近他的人，同时也是做学问最为笃实的人。

游山玩水教化门人

正德八年（1513年），王阳明四十二岁。这年春天，他和徐爱抵达家乡。

王阳明原计划在返乡后，立即和徐爱同游天台山和雁荡山。但因家事羁绊，未能成行。计划中他们一起等待黄绾前来同游，但是黄绾因事最终也没能来。后来，处理完家事后，王阳明与徐爱等数位朋友才终于成行。

王阳明一行由上虞进入四明山，然后观赏白水山，再探访龙溪源头，之后登上杖锡山，到达雪窦山的千丈岩，在此远望天姥峰和华顶峰，欣赏其壮观景象，后从宁波返回余姚。

黄绾给王阳明写了一封信解释未能成行的原因。王阳明回信说：

"此行与诸友相从，亦稍微有所收获，然而没有大的发现。其中最可惜的是宗贤你未同行。后辈们习气已深，虽原有美好的品质，亦逐渐消失殆尽。此事正如大浪淘沙，会有见到金子的时候，但眼下未必能得到。"

王阳明此次出行虽名为游山玩水，但实际上是想点化徐爱和黄绾两弟子。王阳明对弟子的点化，很多时候都是在游山玩水间完成的。

讲学盛况

正德八年（1513年）冬天，王阳明来到滁州上任。王阳明的职责主要是监督马政，工作相对闲散。再加上此地偏僻而且山水名胜众多，于是王阳明白天和门人悠然游玩于琅琊与瀼泉之间；晚上则和众人环龙潭而坐，有时竟达数百人。诸位学生可以随时随地请教，当面听取王阳明的意见，各有所得。大家非常踊跃，原本修习程朱理学的人也来到这里听王阳明讲学。

省察克治

孟源问："静坐中思虑纷杂，不能强禁绝之。"

王阳明回答说："纷杂思虑，亦强禁绝不得。只就思虑萌动之处省察克治即可，到一定程度，自会精专而无纷杂之念。此《大学》所谓'知止而后有定'是也。"

孟源原本想通过静坐来排除杂念的烦扰，但是王阳明的劝告却是"思虑萌动是人之常态，没有必要去强行禁止，只要使之合乎天理就可以了"。静坐虽然对修行有益，但是如果过度沉迷依赖于此的话，就可能会陷入另外一个极端。

惜别诸友

正德九年（1514年），王阳明四十三岁，仍居滁州，后升任南京鸿胪寺卿。滁州诸友送他到乌衣江边，王阳明久久不舍离开。大家站在江边，目送王阳明过江。王阳明十分感动，作词一首：

> 滁之水，入江流，
> 江潮日复来滁州。
> 相思若潮水，来往何时休。
> 空相思，亦何益？

欲慰相思情，不如崇令德。
掘地见泉水，随处无弗得。
何必驱驰为，千里远相即。
君不见尧羹与舜墙，
又不见孔与跖对面不相识？
逆旅主人多殷勤，出门转盼成路人。

改变教法

不久，王阳明抵达南京。自徐爱来到南京后，王阳明与门下弟子间的联系越来越密切。黄宗明、薛侃、马明衡、陆澄、季本、许相卿、王激等人齐聚师门，日夜琢磨讲义，毫不懈怠。

一日，有一客人来访，他对王阳明说："自从您来滁州以后，游学之士多放言高论，亦有逐渐背叛师教者。"

王阳明听罢，回答说：

"吾多年来欲惩治世俗之卑猥污浊，在引导学生时多用高尚幽远这一方法，以救时弊。而今，见学生为了超脱新奇之论，渐渐流入空远玄虚。吾已悔之矣。"

所以，王阳明在南京讲学时，只教学生"存天理，去人欲，省察克治"。

谈论儒释道

当时的学生王嘉秀和萧惠喜欢谈论道学和佛学。王阳明曾告诫他们说：

"吾幼时求儒学而不得，亦曾笃志于道学和佛学。其后谪居龙场三年，始见圣人端绪，后悔错用功二十年于道佛之上。道佛之学，其妙与儒学只有毫厘之间，故不易分辨，惟笃志于儒学者才能辨别其隐微，不是能臆测到的。"这是王阳明根据自己的亲身经历得出的结论。

正德十年（1515年），王阳明四十四岁，身居京师。正月，王阳明上疏请辞，未被允许。因为这年是例行考核官吏的年份,不允许上疏请辞。这一年,王阳明将侄子正宪过继到自己名下。正宪字仲肃,是王阳明的季叔王易直的孙子。王阳明年已四十四岁,与诸弟守俭、守文、守章均未得子,所以龙山公为他选择了正宪,将其过继给王阳明,正宪时年八岁。

拟作《谏迎佛疏》

同年,明武宗命太监刘允前往乌思藏迎接活佛。刘允奏请巨额活动经费,皇帝竟批准了。一时间,户部官员以及谏官诸公等都上疏请奏,欲制止此事,无奈武宗不听。王阳明也希望皇帝采纳忠言,于是作《谏迎佛疏》欲上奏,后因故作罢。《谏迎佛疏》也是王阳明的杰作之一。

这一年,王阳明的祖母岑太夫人九十六岁,王阳明上疏皇帝乞求恩准归乡见祖母一面,以为诀别。乞求归省的疏文多次被呈上,言辞也甚为恳切,但最终他的奏请都没有得到皇帝的允许。

王阳明的孝亲之念正是因为祖母岑氏才意识到的,如今却无法实现归省之愿,他心中的担忧可想而知。

小结

第一次讲学时期,王阳明的学说已经开始向世人传播。其传记中亦称这一时期王阳明的讲授恳切笃信,"从游者众多"也是从这一时期开始的。此时的王阳明已成大悟之人,然而与其后期的第二次、第三次讲学相比,此时的王阳明声望还不够高,世人对他的尊敬与景仰也不是很深。

呜呼,这就是情难自已的地方!自学成才难,授之于人更难,建功扬名更是难上加难。王阳明的教学与功名无关,而世人却多据此来评判他的名望的轻重。

第六篇

第一次靖乱时期

本篇讲述的是自王阳明四十五岁至四十七岁的一些人生事迹。其中最显著的功绩就是平定南部乱民，即镇压了横水、桶冈、三浰等地的巨贼流寇。

王阳明自年少时就崇尚军事，然而可惜的是从未实际派上用场。这时，终于迎来了展示其才能的好时机。王阳明用兵如神，无人能敌。即使赴前线征讨敌寇，他也千方百计避免与敌寇大动干戈，就像他招抚卢珂，招降池仲容一样，这也是值得我们关注的地方。

虽然这一时期被称为靖乱时期，但王阳明仍然注重文化教育，与门下学生共论学问。所谓右手持剑、左手持卷，就是这一时期王阳明的写照。

受命平定漳南巨贼

正德十一年（1516年），王阳明四十五岁，当时他身居南京。就在此时，中国南方的漳州等地，巨贼流寇频频闹事。时任兵部尚书王琼深知王阳明的政治军事才能，于是向朝廷举荐。最终王阳明被任命为都察院左佥都御史、巡抚南、赣、汀、漳等处。

王阳明在赴任途中，顺道回乡省亲。终于见到了祖母岑太夫人和父亲龙山公王华。

当时王思曾对季本说:"王阳明此行必然会立功。"

季本问道:"你是怎么知道的?"

王思回答道:"我曾试着去触动他,他却完全不为所动。"

王阳明对文韬武略早已烂熟于心,只是没有用武之地而已。此时,大明的国威日渐衰退,各地流寇蜂拥而起。正德六年(1511年),江西部分地区大乱。赣州等地不断被流寇袭扰。流寇在这些地方横行暴掠,无恶不作,一时间人心惶惶。

在这危急时刻,朝廷命左都御史陈金统管军务,前去征讨。陈金立刻调集广西的兵将赶往江西,平定了内乱。但是,战胜的兵将们仗着自己立下军功,在当地横征暴敛,戕害无辜平民,其行为之恶劣反而比贼寇还要"更胜一筹"。陈金并没有制止这些横行霸道的兵将们。民众怨声载道,一日也不得安宁。所以,朝廷这才派王阳明作为巡抚去到赣南、漳州等地。

训诫流寇

正德十二年(1517)正月,王阳明四十六岁。

在去赣南赴任途中,王阳明乘船路过吉安府万安县,恰好遇到了数百流寇在沿途肆虐,抢劫商船。船上的人们心惊胆战,不敢前进,将船开得远远的,欲避开寇贼。

王阳明不许他们躲避,他将这些遭遇敌寇侵扰的数十艘商船联合起来,摆出阵仗。一时间,旌旗飘扬,鼓声齐鸣,如同即将开战的样子。

贼寇们看到军队的旗号,以为朝廷的援军到了,大为惊讶,跪在岸边号哭叩拜:"我们也是饥荒流民,乞求赈济啊!"王阳明从容地命令将船泊于岸边,派了一个军官对那些匪徒们传话:"巡抚老爷知道你们饥寒交迫,待他到达赣州官衙后,会立刻向官府申请救济,让你们得以生活下去。还不快快散去,等待救济。切勿再企图横行霸道,自取毁灭!"

听罢这番话,盗贼们惶恐不已,纷纷散去。

这一年的正月十六，王阳明抵达赣州。到任后，他命令下辖地方分派赈济物资，招抚流民。还在大堂之前立了两个匾额，上面分别写着"求通民情""愿闻己过"。

侦识奸吏

漳州地方有两个贼首，名叫詹师富、温火烧。他们为盗多年，气焰嚣张。王阳明命福建和广东等地限期讨伐剿灭他们。

但是在此之前，赣州民众有很多人接受了盗贼们的贿赂，给他们通风报信。所以经常是官府行动还未开始，贼寇早已有所察觉。

在王阳明的军队中有一位老吏，奸诈狡猾，经常给盗贼传信。王阳明得知此事后，立即把他叫到自己的卧室里，对他说："有人告发你暗中通贼，这已经是犯下死罪。如果你能改过，把通敌的奸民都告诉我的话，我当放你一条生路！"

老吏立刻叩头谢罪求饶，将事实悉数供出，把奸贼的姓名也都一一告发，王阳明赦免了他的死罪，后来的事实证明他说的全都属实。

当时的政治局势错综复杂，盗寇横行，很多良民为了躲避盗贼四处逃散，于是良民和盗贼混在一起，很难区分，即便是熟知兵略的人对此也是束手无策。

在这种情况下，就需要一位能够随机应变的统领了。像王阳明这样文臣出身，后又转向军事的人想出了温和的解决方案，而这也正是王阳明的过人之处。

《十家牌法》

王阳明在日夜呕心沥血剿匪之余，还发明了《十家牌法》，并在当地严格执行。

此法为：把十家编为一牌，上面记录各户的姓名、年龄、容貌、职业等。每日由一家负责，沿着家门按牌审查，如果发现面貌可疑之人，要立即上报官府，然后由官府去追查。如有隐匿不报，那么十家就要一起连坐受罚。此法在王阳明管辖的所有地方都曾实施过。

此外，王阳明还告谕父老子弟：务要父慈子孝，兄弟友爱，夫唱妇随，长惠幼顺。小心以尊奉国法，勤勉谨慎、恭敬节俭以守家业，谦逊温和以使乡里安居。心要公平忠恕，勿轻易忿争。遇事要忍耐，勿轻易诉讼。见有利于众人而互相劝勉，见有害于众人而互相惩戒。务兴礼让之风，以成敦厚之俗。

《十家牌法》的规定非常严密，实施也非常严格。而且王阳明还制定了辅助性的《谕俗四条》，内容如下：

> 为善之人，非独其宗族亲戚爱之，朋友乡党敬之，虽鬼神亦阴相之。为恶之人，非独其宗族亲戚恶之，朋友乡党怨之，虽鬼神亦阴殛之。故积善之家，必有余庆，积不善之家，必有余殃。
>
> 见人之为善，我必爱之；我能为善，人岂有不爱我者乎？见人之为不善，我必恶之；我苟为不善，人岂有不恶我者乎？故凶人之为不善，至于陨身亡家而不悟者，由其不能自反也。
>
> 今人不忍一言之忿，或争铢两之利，遂相构讼。夫我欲求胜于彼，则彼亦欲求胜于我，仇仇相报，遂至破家荡产，祸贻子孙。岂若含忍退让，使乡里称为善人长者，子孙亦蒙其庇乎？
>
> 今人为子孙计，或至谋人之业，夺人之产，日夜营营，无所不至。昔人谓为子孙作马牛，然身没未寒，而业已属之他人；仇家群起而报复，子孙反受其殃。是殆为子孙作蛇蝎也。吁，可戒哉！

选拔骁勇

在王阳明到任之前，当地在镇压贼寇时，一直采用从远处调兵的策略。从出兵到镇压往往要一年有余，经费花销巨大。而且，外来的士兵骄横难管，所以弊大于利。因此，王阳明命令各省的兵备官从当地州县选拔骁勇善战之人，并冠以"骁勇"之名，组成由乡间义士和壮丁构成的军队。每县多则十余人，少则八九人。这样，江西、福建两地就各成立了五六百人的骁勇队伍，广东也成立了四五百人的骁勇队伍。然后，再从中提拔通晓兵略的杰出人才为将官。选拔来的骁勇平时跟随各兵备官驻屯训练，无事时坚守城寨，有事时随时出击。

讨伐贼寇

王阳明到任才十余天的时间就大概想好了出兵策略，随即出兵剿匪。当军队行进至长富村时，遭遇贼寇。双方展开激战，官军斩获颇丰。贼匪溃败，逃至象湖山。官兵乘胜追击至莲花石，再度与贼寇交锋，不料此次却损失两员大将。官兵因此士气低落，觉得仅凭现有军力不可能战胜贼寇，于是强烈要求调集援兵，待秋天再战。

王阳明听说这种情况后，率军进驻上杭，对外宣称将在此犒劳三军，暂且养精蓄锐，待援军赶到后再发动进攻。事实上，他暗地里派密探去打探敌人的虚实。密探回来报告说：

"贼又踞象湖山，只要官军一退，盗贼便复出劫掠。"

于是，王阳明责令各军以失军律之罪，尽力杀敌，立功赎罪。

一天夜里，王阳明带领军队，兵分两路，他们在战马嘴里塞上东西，静悄悄地行军，出其不意直击象湖山的贼寇。众贼拼死抵抗，王阳明亲自督战，将士们奋勇杀敌。官兵呼声震天，从小道进攻，就像蚂蚁一样从四面八方聚集而来。贼寇惊溃奔逃，官兵乘胜追剿，最终贼寇大败。

王阳明命诸将继续讨伐剩余贼寇，最后破贼巢四十余处，斩詹师富、温火烧等匪首七十名，俘获盗贼物品和辎重不计其数。自此，祸害漳南数十年的贼寇被彻底剿灭。二月出兵，四月班师，自古至今取得如此迅速胜利者亦不多见。

官军未驻扎上杭时，此地干旱已久，很久都未曾下过一滴雨。自军队到达起，竟连降三天大雨，可谓久旱逢甘霖。百姓大喜。王阳明因此将行台之堂命名为"时雨堂"，取"王师若时雨"之意。

为记叙此事,王阳明写了一篇《时雨堂记》:

> 正德丁丑,奉命平漳寇,驻军上杭。旱甚,祷于行台,雨日夜,民以为未足。乃四月戊午班师,雨。明日又雨。又明日大雨。乃出田,登城南之楼以观,民大悦。有司请名行台之堂为"时雨",且曰:"民苦于盗久,又重以旱,将谓靡遗。今始去兵革之役,而大雨适降,所谓'王师若时雨',今皆有焉。请以志其实。"呜呼!民惟稼穑,德惟雨,惟天阴骘,惟皇克宪,惟将士用命,去其螣蟊,惟乃有司实穮获之,庶克有秋。乃予何德之有,而敢叨其功?然而乐民之乐,亦不容于无纪也,巡抚都御史王守仁书。是日,参政陈策、佥事胡琏至,自班师。

改革军队组织

王阳明在平定漳南贼寇之后,有意深入改革军队的组织架构。他认为"习战之方,莫要于行伍;治众之法,莫先于分数"。

随后,王阳明发布军队组织改革方案:

> 每二十五人编为一伍,伍有小甲;五十人为一队,队有总甲;二百人为一哨,哨有长、协哨二人;四百人为一营,营有官、有参谋二人;一千二百人为一阵,阵有偏将;二千四百人为一军,军有副将、偏将无定员,临阵而设。小甲于各伍之中选材力优者为之,总甲于小甲之中选材力优者为之,哨长于千百户义官之中选材识优者为之。副将得以罚偏将,偏将得以罚营官,营官得以罚哨长,哨长得以罚总甲,总甲得以罚小甲,小甲得以罚伍众。务使上下相维,大小相承,如身之使臂,臂之使指,自然举动齐一,治众如寡,庶几有制之兵矣。编选既定,仍每五人给一牌,备列同伍二十五人姓名,使之连络习熟,谓之伍符。每队各置两牌,编立字号,一付总甲,一藏本院,谓之队符。每哨各置两牌,编立字号,一付哨长,一藏本院,谓之哨符,每营

各置两牌，编立字号，一付营官，一藏本院，谓之营符。凡遇征调，发符比号而行，以防奸伪。其诸缉养训练之方，旗鼓进退之节，要皆逐一讲求，务济实用，以收成绩。

赏罚严明

此外，王阳明上疏请求严明赏罚以激励人心。他在上疏中写道：

"兵士临阵退缩者由领兵官在军前斩首示众，领兵官不拼命杀敌者，由总统兵官在军前斩首示众。若有擒敌斩功者，无论身份尊卑一律重赏。若生擒贼徒，不必等到论功行赏之时，即时行赏。"

王阳明认为盗贼日渐滋长，是因为滥用招抚；滥用招抚，是因为兵力不足；兵力不足，则是因为赏罚不行，所以要赏罚分明。

王阳明还建议在南靖附近划出一块地方设立新县，并设立巡检司，以协同镇压贼寇。王阳明的知己、兵部尚书王琼同意他的看法，并上奏朝廷恳请全盘采纳，并请求皇帝为新县赐名。皇帝同意并赐名为清平县。

此外，朝廷还将王阳明从巡抚改授为提督，命其统领相关军务，并授予令旗和令牌，允许他见机行事。念及他平定漳南贼寇有功，加升俸禄一级。从此，王阳明倍加注重镇抚的策略，按照自己的想法施展兵略。

王阳明还上疏请求疏通盐的运输方法，调整南赣的商税。另一方面，他的思想也随着讲学普及开来，趋善的百姓越来越多。王阳明将文德为先，武威为后的思想一直持续终生。

征讨横水之贼

横水地区的贼首谢志珊趁王阳明讨伐漳州贼寇之机，大修战具，欲先破南康，再乘虚攻入湖广。当时的湖广巡抚都御史陈金上疏奏请调用福建和广东等地的兵力以夹攻贼匪。而王阳明说：

"桶冈、横水和左溪的诸贼寇危害三省，虽然其患相同，但是其形势各异。

以湖广而言,桶冈为贼之咽喉。而如今不去江西的心腹之疾,却与湖广一同夹击桶冈的话,就会失去轻重缓急。可先召集湖广之兵,若横水之贼听说湖广之兵联合讨伐的事情,必会认为我们先攻打桶冈。而且对方看到我们还未集结完军队,会认为我们距离出师尚远,必定不会做准备。这时若我们出其不意,迅速出兵攻击的话,必当成功。"

王阳明依计行事,以破竹之势,最终攻破横水之贼寇,并移兵至桶冈。

当初在征讨横水之贼时,王阳明担心浰头的贼寇会趁机作乱,于是就写了一封告谕,晓以利害得失,派部下去招抚浰头贼首池仲容等人,劝他们立功赎罪。为了安抚他们,王阳明还赐予银两和布匹。

贼寇看到告谕言辞恳切,感动不已。一些小头目如黄金巢等人率部下投降,表示愿跟随王阳明杀贼立功。王阳明赞赏并抚慰他们,从其队伍中挑选出精壮者五百人编入官军,一起征讨横水之贼。

神秘莫测

当初按照部署,提督府内的士兵也要随大军一起行动。

出征的号令发出后,在王阳明的安排下,大家的准备工作都静悄悄地进行,整个提督府内寂然无声。

在赣州期间,王阳明一般会在闲暇之时,为诸生讲学,或者带领他们练习射箭。出师前夜,王阳明还和诸生围坐谈论学问。但待天亮之后,当诸生想进入提督府拜见他的时候,人却不见了。

看门人告诉他们:

"王提督回到院中不久即领兵出城去了。不知去往何处,估计这时已经出去二十余里了。"

王阳明就是如此的神秘莫测。

妙用有罪之人

随后，王阳明率军抵达南康。这时有人前来告发军中李正岩和刘福泰平素通敌。于是，王阳明将此二人招来询问，但他们拼命辩解否认。王阳明对他们说："若有之，也不会马上治你们的罪。你们皆留于幕下，戴罪立功即可。"

这天晚上，李、刘二人以有要事相告为由特来求见王阳明。王阳明接见二人，并悄悄地询问有何要事。两人回复说："欲攻打桶冈，必经过十八面地方。此乃第一险要之处，岭峻道狭，官军从来不能入。今有名叫张保的木工，一直在蛮贼之中，凡建立栅寨，皆出自其手。要知地利，非得此人不可。"

王阳明问他们："张保何在？"

二人回答说："老天保佑，张保已被我们拘留在辕门之外。未得到您的招呼，不敢擅自引入。"

于是，王阳明命他们将张保引入后堂。他对张保说："听闻蛮贼建立栅寨，皆出自你手。汝罪当死。"

张保连连叩头说："小人以手艺谋生，误入贼穴，一时贪生怕死，受其驱使，实在是不得已而为之。"

王阳明又说："我且不苛责于你。但凡他们立栅寨之处，必然选择险要之地。你在他们中间，想必也知道。你将其前后左右大小出入之道一一详细说来，消灭盗贼之日，便是为你叙功之时。"

张保欣然应允，赶紧拿起笔将贼寨的详细情况一一画出告知。事后，王阳明不仅赦免了这三人的罪过，而且还授予他们官职。由此可见王阳明的灵活用人之妙。

乘胜追击

第二天，王阳明率兵攻入南坪地区。官兵奋勇杀敌，捣破贼巢。各乡导回报说："诸贼预于各山绝险崖壁之处立寨以为退守之计，亦有尚未攻破的各贼巢之兵聚集者。"

诸将听闻这一消息后，担忧不已，纷纷说道：

"攻破桶冈的日期已定，日已迫近，该如何是好？"

王阳明回答说：

"此处距离桶冈，尚有百余里，山路绝险，需三日方可抵达。若此处贼寇未能扫尽便移兵桶冈，恐怕会瞻前顾后，反而分散防备的力量，非可得之计。"

恰在此时，搜山官兵擒住一个盗贼，审问之后得知此人名叫钟景，是桶冈贼寇派来横水打探消息的。王阳明对他说：

"我的军队所到之处皆胜，灭桶冈也只待旦夕。你若肯留在我麾下为我所用，就赦免你。"钟景叩头，表示愿意归降。

王阳明问他桶冈的地理情况，钟景回答得十分详细，而且他还熟知通往横水各贼巢的道路。王阳明觉得此人大有用处，于是亲自帮他松绑，并以酒菜款待，将他留在军中。然后传令各营，将士兵分为奇队与正队，一队攻前，一队袭后，冒着大雾疾速向贼巢进军。诸将士奋勇激战。不久，诸贼巢皆被攻破，俘获或斩首贼匪无数。贼首谢志珊在逃往桶冈途中被生擒。王阳明立即下令将其于辕门外斩首示众。

巨贼的苦心经营

临近行刑，王阳明问谢志珊："汝一介小民，何以聚众如此之多？"

谢志珊回答说："此事也并不容易。我平日见世上有英雄好汉，决不肯轻易放过，与之周旋，待到感动他，然后把我的真实愿望告诉他，这样便没有人不乐于顺从我。我部下中有五十余人其气力可负千斤，而今皆被杀。我束手就缚，此乃大明天子之洪福也，又有何罪过呢？"

说完之后，谢志珊闭上眼睛甘愿受罚。

日后，王阳明向门人讲述此事时，说道："我们这些儒生结交朋友，亦当如此。"

平定桶冈

诸将请愿乘胜进攻桶冈。但是,王阳明却对他们说:

"桶冈天险四塞,其出入之路,皆架栈梯于沟壑之上,一人守之,千人难过。唯有上章一路稍显平坦,但非半月不可到达。待我们奔驰之际,他们已经知道并做好了准备。不如我们移屯附近,休兵养威,告之祸福。他们见我们不断胜利,必将惧怕而降服。如他们迟疑,我们当进而攻袭之。"

随后,王阳明派部下李正岩、刘福泰前往桶冈,招安蓝天凤等人。王阳明传话给蓝天凤,如果他愿意归降,可以保他不死,并送上谈和的物证,约定某日为限。由此可见,王阳明还是希望以文德之心和怀柔之术招降敌人,而不愿诉诸武力。

另一边,浰头贼首池仲容与其弟池仲宁、池仲安集结一伙亡命无赖之徒,长期占据三浰。他们屡破官军,势力日增。他们用武力胁迫远近的良民,将身强体壮者收入贼军,勒索富户的财产,如有反抗者,一律焚杀无遗。

龙川豪族卢珂、郑志高、陈英各聚众千余人,守护村庄。池仲容想招他们成一党,但是卢珂等人不从。于是双方互为仇人,欲杀对方。

王阳明传檄给岭东的兵备官,让他首先招来卢珂等三家。三家均奉行约定,愿出力剿贼。王阳明允许他们继续留在本村,与龙川官兵协同防御贼匪。可这样一来,池仲容就更恨他们了。自从黄金巢等人投降以后,众贼也都有了归降之意,唯独池仲容不肯归降。他对众贼说:

"我等做贼,已非一年;官府来招,亦非一次。官府的话不值得相信。且待黄金巢归顺官府后,若果真没有其他后果,我等再去投降,亦未为晚矣。"

当他听闻前不久官军已破横水后,开始面露惧色。这时王阳明又让黄金巢等人给他写信,劝其投降。池仲容问其谋士高飞甲:

"官军既已破横水,必乘胜直捣桶冈,然后到达我浰头,该怎么办呢?"

高飞甲回答说:

"之前王督抚曾遣人来招安,且听闻黄金巢等已蒙官府录用。不如我们亦遣一人出投。一则缓和官军来攻,二则窥觑其虚实。"

池仲容深以为然，于是派其弟池仲安率老幼二百余人前往官府投降，并表示愿意跟随大家立功赎罪。王阳明对池仲安说：

"你既是真心纳降，我即日加兵攻打桶冈贼匪，你可率自己的兵将前往上新地屯扎。若桶冈贼匪奔逃，你用心斩杀其首级来献，便赏你立功。"

上新地位于桶冈西部，距离浰头十分遥远。王阳明故意将其派往此地，其实是为了让他难以回到浰头，但对外则表现出对他的重用，这是为了安抚他。这也是王阳明的妙计之一。

李正岩等人到达桶冈后，先是述说王阳明的兵威，然后告诉蓝天凤招抚的期限。蓝天凤大喜，表示愿意被王阳明招抚。当他召集党羽商议此事时，恰巧横水贼匪萧贵模逃至此地，他对蓝天凤说：

"谢志珊不知守险，使官军潜入内地，是以溃败。若加以提防，对方即使有百万之众，岂能飞入。我地皆绝险，所收横水余兵，尚有千余，足可助桶冈为守。奈何甘心置自己于死地？吾等应暴恶相向。"

这一边，王阳明命令诸将向桶冈进发。某日，乘着夜色，他们已经到达各预定地点。那天夜里，天降大雨，第二天早上，雨犹未止，但各军已冒雨而入。

蓝天凤正和下属商议要不要被招安，又看到这样的大雨，料定官兵行军困难，于是就放松了警惕。突然，他听闻官军已经大举进攻而来。蓝天凤大为吃惊，叹道："王公真是用兵如神！"于是赶紧集结千余贼匪，以悬崖峭壁为据点隔水布阵，以防官军。

但是，官军诸将士英勇作战，斩擒贼匪无数。萧贵模也在战斗中被杀。蓝天凤无处可逃，跳崖自杀，其头颅被砍下献给了王阳明。

至此，桶冈诸贼全数被剿。官军破贼巢数十处，斩擒大贼首数十名，普通贼首数千名，缴获的物资不计其数。

天纵之武

当时，湖广那边已经派遣参将史春率兵出发以协助王阳明剿匪。史春到达郴州时，接到了王阳明的通报，被告知桶冈的贼巢俱已荡平，不必再辛苦跋涉至此了。史春大惊说："之前三省商议合征，征战一年，尚未能殄灭。今王阳明用兵，朝进而夕平，如疾风扫秋叶，真乃天纵之武也。"

王阳明率军凯旋，进入南康时，百姓扶老携幼，跪拜欢迎说："今日总算能睡个安稳觉了。"王阳明所经过的州县，百姓都为他立了生祠。偏远地区的百姓则将他的肖像挂在正堂供奉，逢年过节都会祭拜。

设立崇义县

王阳明上疏建议：

横水桶冈各贼寨，散在崇山峻岭之间，地方偏远，号令不及。议割三县之地，建立县厅，及增添三处巡司，设关保障。

这些建议被悉数采纳，皇帝赐新县名为崇义县，隶属于江西南安。此外，皇帝还特意下诏嘉奖王阳明。

一兵未动诛巨贼

正德十三年（1518年），王阳明四十七岁，身居赣州。是年，王阳明奉命率军征讨三浰。三浰贼寇之首池仲容得知桶冈匪首蓝天凤已被诛杀后，愈加恐惧。他下令分兵把守各个贼寨，严防官军进攻。

王阳明指示黄金巢等降贼，让他们派部下暗中潜入贼巢左侧，待官兵一到，立即据险遏敌。又吩咐卢珂、郑志高等人做好进攻准备。然后派遣部下黄表前往浰头，犒劳各酋长，并令其责问池仲容为何分兵把守贼寨。池仲容无法辩白，只好诈称：

"龙川的卢珂、郑志高与我素有仇怨，今不时引兵相攻。若一旦撤去兵备，必被其袭击。所以我等密为防御，不敢抗官兵。"

池仲容还派其党羽鬼头王随黄表拜见王阳明，请求把投降期限再宽限几日，并信誓旦旦地承诺：

"定当率众投降，改伪号只称新民。"

王阳明假装听信于他，并派人去调查卢珂等人擅自用兵报私仇之实情。他还对鬼头王说：

"卢珂等人我已派人去查，如罪状果真属实，我当遣大军讨伐，但须假道浰头。汝等既降，先为我伐木开道，以候官军，我军不日将征进。"

鬼头王回去报告池仲容。池仲容是又喜又忧，喜的是王阳明中了圈套，已怪罪于卢珂等人；忧的是王阳明要取道浰头，这也许是不怀好意。

池仲容再次派鬼头王前去感谢王阳明，并向他建议道：

"我等当尽力捍御卢珂等人，不敢惊动官军。"

恰在此时，卢珂、郑志高和陈英也亲自来到提督府呈上状纸，辩白此事。三人在状纸中写道：

"池仲容等平昔僭号设官，今又集结兵众，号召远近各巢贼酋，授以总兵等伪官，准备抗拒官军。"

王阳明佯装大怒说：

"池仲容已自投降，尔等挟旧怨，擅自仇杀，罪已当死。又造此无根之言，乘机诬陷，欲掩前罪。我知晓事实如见肺肝。那池仲容方才遣其弟池仲安领兵报效，诚心归附，岂有复行抗拒之事？"

遂将卢珂等人的状纸撕掉，将他们赶了出去，大声呵斥道：

"若再来骚扰本大人，必斩之。"

实际上，王阳明暗地里派心腹参谋告诉卢珂等人：

"先生知道汝等忠义，适才佯装愤怒，欲哄诱浰头池仲容亲自来投降。你等须是再告，告时受杖三十，如此反复，池仲容才能中此投降之计。"

卢珂等人照计行事，第二天又来到提督府喊冤辩白。王阳明这次显得更为愤怒，喝令将卢珂等人绑起来推出去斩了。此令一下，诸将都跪下来叩头求情，请求王阳明消消气，饶卢珂等人一命。但王阳明怒气还未消尽，喝令将卢珂杖责三十大板。

当时，池仲安就在现场，当听说卢珂等人前来辩解时，他的心中惶恐不安。但是，目睹王阳明两次被激怒后，心中大喜。池仲安率领党羽欢呼跪拜，争相痛斥卢珂等人的罪行。王阳明对他们说：

"我已体察明白。汝等可开陈卢珂等人所做过的坏事。待我核实后，当尽收其家属处斩，以安地方。"

池仲安越发高兴起来，立即写了一封信让鬼头王向哥哥池仲容报告。

在卢珂等人被投入监牢后，王阳明派自己的心腹部下去看望他们，并暗中将自己的真实想法告诉他们。卢珂等人感激涕零，说道：

"王公为地方除害。若有用我之时，虽肝脑涂地，亦无所恨。"

王阳明又派部下黄表前去安慰池仲容，对他说：

"我已知卢珂等人仇杀之实情。汝等勿以此怀疑。"

池仲容大设筵席，接待黄表。黄表又对他说：

"王公用兵如神，更兼宽宏大量，来者不拒，故黄金巢等俱授以官职。汝等若到王公麾下，吾当请求王公重用汝等。"

池仲容拱手说：

"那就全都依仗足下之力了。"

黄表频频劝池仲容投降，但是池仲容一直犹豫不决，不肯去拜见王阳明。

随后，王阳明率大军返回南赣，各路兵马也都已解散。王阳明命人大奏雅乐，设宴犒劳将士，并在城中发布告示：

向来贼寇抢攘，官守兴兵转饷，骚扰地方，民不聊生。今贼巢尽皆荡平，而浰头新民又皆诚心归化，地方自此可以无虞。民久劳苦，宜暂休息为乐。

王阳明又将池仲安叫到跟前，对他说：

"汝兄弟诚心归化，我深嘉许之。听闻卢珂党羽众多，虽然他本人被捕，但其党羽怀怨，或许会袭击汝等。不虞之事不可知也。今放你暂归浰头，辅助汝兄防守。传话于汝兄，小心严备，不可懈弛失事。"

池仲安叩头感谢。王阳明又命余恩护送他回浰头，并将新历颁发给各贼寨的寨主。众寨主大喜，无不欢欣踊跃，纷纷设盛宴款待余恩等人。随后，池仲安又向他们讲述了王阳明散兵安民,遣返将校之意。

当时,黄表还留在池仲容的山寨与他一起饮酒,池仲容对他说:

"我等若早遇到王公,早就归降了。"

黄表劝他说:

"你们这些新民不知礼节。今官府来安慰你们,此礼甚厚,况且又将新历赐予你们,你们怎能安坐于此只顾接受呢?论礼节的话,应当亲自去王公那里拜谢才是。"

余恩也在一旁相劝:

"此言有理。况且卢珂等人日夜哀诉,说有你谋反的证据。他还说官府若去招降池仲容,他是断然不会来的,何不召之试试,看他来与不来即可证明他是否有谋反之实。这岂不是让人担惊受怕的哀诉吗?"

池仲容说:

"若王公召我,岂有不去之理。"

黄表又说:

"今若不待王公召唤,先行去往拜谢,诉明卢珂等人罪恶。官府必将更加信任于你。卢珂等人罪恶至极,必杀之。"

池仲容的亲信,以及山寨的寨主们也都力劝他去拜谢王阳明。池仲容终于决定前往,他对众人说:

"若要伸,先用屈;今日我暂且委屈一下,他日再伸便是。王公的伎俩,也须要我亲自看破才行。"

于是他定下计谋,从自己的部下中选了九十三名亲信随从,亲自率领众人去见王阳明。池仲宁和池仲安留在山寨,余恩等人提前返回将此事禀报给王阳明。

池仲容等人到达赣州以后,他找了个地方将一行人安扎在那里,仅带着数名亲信前往官署拜见王阳明。王阳明好言劝慰他们,并询问池仲容这次一共带了多少人。池仲容如实回答说:

"随从不过九十余人。"

王阳明说:

"既是九十余人，必须选个宽敞的地方安顿才是。"

于是，王阳明问部下，何处最为宽敞。部下回答说：

"唯有祥符宫最为合适。"

王阳明说：

"马上安排他们去祥符宫居住。"又问："众人今在何处？"

其他人不等池仲容开口就抢先回答说：

"众人现屯于教场。"

王阳明脸色一沉，面带愠色道：

"尔等皆我新民，不来见我，而营于教场，莫非疑心于我？"

池仲容不胜惶恐，立即叩头说：

"就空地暂息，待阁下之命，岂有他意？"

王阳明又对他说：

"我今日洗雪尔等复为良民，亦非容易之事。尔等若悔过自新，我亦有扶持尔等之处。"

池仲容叩谢而出来到祥符宫，当他看到王阳明对他们极为优待，喜出望外。

晚上，王阳明安排人带着众贼到街上游玩。众贼见各营官军已经遣散返乡，而且市面上张灯结彩，人声鼎沸，所以都相信王阳明不会再用兵了。

池仲容还暗中贿赂狱卒，私自潜入狱中窥探卢珂等人的动静，看到卢珂等人被坚实的桎梏紧锁着，十分凄惨。再加上狱卒还对他说：

"官府已下令拘捕卢珂家属，一同究问，不日将斩首。"

池仲容不禁暗自庆幸，在心中默念：

"吾今日始得万全也。"

就这样过了几天后，池仲容向王阳明请辞，欲返回浰头。王阳明对他说：

"自此处至浰头要耗费八九日行程，即便今日回去也不能到家过年了。新春又不会复来，大家都在庆贺新年，你们却跋山涉水，实在可惜。赣州今岁华灯颇盛，在此亦不寂寞，何不正月再回去？"

年轻的寇贼喜欢赏灯，而且每天都去逛妓院，再加上官府又肯借钱给他们，诸贼自然乐不思蜀了。

新年那天,行过贺岁礼之后,池仲容再次向王阳明请辞归乡。王阳明对他说:

"你们归降朝廷,尚未犒赏,怎么就急着回去?初二我尚未得闲,初三当慰劳大家。"

翌日,王阳明派人将酒送到祥符宫,还让他们带了一些妓女前去陪酒。众贼欢饮终日。王阳明命人将告示牌悬挂在了辕门上,上面写着:

浰头新民池仲容等,次日齐赴军门领赏。领赏过,三叩头即出,齐赴兵备道叩谢。

众贼无不欢喜。

是夜,王阳明暗中命令守备官:

"发兵老练的甲士六百人,分作二十队,伏于射圃。候本人犒赏贼首,每五名一组,奏乐送出院门过射圃时,则以甲士一组,擒而杀之。"

王阳明又将龙光招致跟前命令道:

"你引甲士一队,装作衙门公役。各藏利刃,立于大门之下,如贼党中有强力难制者,你令手下甲士上前相帮。事毕之后,你便远远地示意于我,以安我心。若有他变,赶紧进来报与我。"

王阳明又命人提前备好赏品,院内官兵按照平常队列排列。

此外,还暗中命令众人:"只等本人号令,诸位一齐下手。"

初三早上,各级官员齐聚。池仲容率领九十三名手下,来到军门前。看到将要赏给他们的礼物已经备好,所有的贼匪十分欢喜。池仲容等人行礼之时,王阳明先是大赏给他们厚礼,然后突然就把他们一并杀掉了。

王阳明不动声色,轻而易举地除掉了为害多年的巨贼,满城官吏百姓无不称快。而备下的犒赏物品也没有丝毫损失,立即赏给了有功的官兵。王阳明将狱中的卢珂、郑志高等人接出来,厚加赏赐。这时,已过中午,王阳明退堂后,突然昏倒在地。左右侍从慌忙将其扶起,但是王阳明却呕吐不止。众官都前来询问他的安危。王阳明安慰大家说:

"连日积劳所致,非他病也。幸食薄粥,静坐片刻,安然如故矣。"

破山中贼易，除心中贼难

王阳明曾给薛侃写过一封信，信中写道：

> 即日已抵龙南，明日入巢，四路兵皆已如期并进，贼有必破之势。某向在横水，尝寄书仕德云："破山中贼易，破心中贼难。"区区剪除鼠窃，何足为异？若诸贤扫荡心腹之寇，以收廓清平定之功，此诚大丈夫不世之伟绩。数日来谅已得必胜之策，捷奏有期矣。何喜如之！
> 日孚美质，诚可与共学。……小儿正宪，犹望时赐督责。

此时，王阳明已经嘱托薛侃当儿子正宪的老师，而且还将官署中的政事也一并托付于他。

直捣贼巢

某日夜，为征伐三浰余贼，王阳明发布檄文，敦促各路兵马集合，限期会合于三浰，一同捣毁贼巢。王阳明亲自率兵，直捣位于浰头的贼匪老巢。

在此之前，巢中诸贼收到了池仲容的书信，信中说：
"赣州兵俱已散归，王公待之甚厚。不日将诛杀卢珂等。"

各巢贼匪都信以为真，各自安居，并未做防御准备。最初听闻官军几路并进，正在朝浰头进发时，因为没有收到池仲容的消息，他们都不以为然。但当得知一切为真时，官军已经逼近他们的老巢了。诸贼一时惊慌失措，投入全部精锐据险设伏，集合兵力以防官军。

而官军这边兵分三路，聚在三处为阵，三路军马同时进军，呼声震天。贼匪溃败而逃，官军乘胜追击，浰头大巢全部失守。官军将士个个奋勇杀敌，连战连捷，所向披靡。

池仲宁、池仲安和高飞甲等贼首无一幸免，皆被杀。唯独张仲全等二百余人，呼号痛哭，请求饶命。王阳明派部下前去查验，原来都是一些老弱之人，而且都归顺贼匪不久,其情形甚是可怜,于是招抚为良民。

此次用兵共计两个月,捣毁贼巢三十八处,斩重要贼首二十九名,斩次级贼首三十八名,斩普通贼首两千余名,俘获贼匪八百九十名,缴获金银器物不计其数。

随后,王阳明仔细视察了当地的地理状况,留兵防守,然后率军返回。

战后经营

王阳明上疏请求将小溪驿移址。小溪驿原本位于南康和南安之间。因为大庾岭附近的乡民经常被贼匪侵扰杀害,所以乡民们为了自卫,就修建了一座坚固的山城。王阳明奏请的就是将小溪驿移到这座山城内。随后,王阳明又上疏,乞求致仕返乡,但是未获允许。于是,王阳明欲称病辞官。

王阳明在讨伐诸贼时,已经展现了非凡能力,但是真正让他大展身手的时机还未到来。

小结

王阳明的学说渐渐地在世间传播,在军事上也取得了成功。虽然其战功没有直接影响其学说,但是赫赫功勋却提升了王阳明的威望,使得王阳明的一言一行都得到了世人的尊重,所以说其战功间接地促进了其学说的传播。况且这期间的苦心经营都是基于其平素的修养。例如他所发明的《十家牌法》等,虽然出自一时之计,但却成为影响后世之法。《谕俗四条》、招贼诸书以及战后的经营等,都是王阳明思想的体现,是值得我们深思的。

第七篇

第二次讲学时期

本篇讲述的是从王阳明四十七岁至四十八岁,大约一年间的讲学事迹。虽然仅有短短一年多的时间,但在整个阳明心学中占据着颇为重要的地位。《传习录》是阳明心学的经典,《朱子晚年定论》则是争论的焦点。这些著作虽不是在这一年内完成的,但却都是在此期间发表的,可以看作是阳明心学成熟的标志,至此阳明心学已经成熟了。

平定匪患后,王阳明班师回府。

王阳明认为民风不善,是由于教化未明。于是他发布告谕至南赣所属各县,要他们兴立学校,延师教子,咏诗习礼。号召人们在大街上见到官员和长辈,要拱手而立,以示尊敬。凡是这样做的百姓都得到了王阳明的赞赏。久而久之,百姓逐渐懂得了礼法,礼让的风俗逐渐形成。

刻古本《大学》

王阳明带兵剿匪期间,基本没有片刻闲暇去安居讲学。不过,门人薛侃、欧阳德、梁焯、何廷仁、黄弘纲、薛俊、杨骥、郭治、周仲等二十余人一直不定期在一起学习,并未放弃学业。

王阳明凯旋之后，罢战休兵，终于得以集中精力与门人、学友进行交流。他们日夜研究《大学》的主旨，以此向大家指明走上儒学之道的方法。往年，王阳明在龙场之时，就已经怀疑朱熹的《大学章句》和儒学的主旨有些许不合之处。于是，他自己手抄了古本《大学》，细读精思，终于发现圣人之学本是简易明了的。以良知指示至善之本体，故不必借于见闻。王阳明重新刻录古本《大学》，并亲自作序，又在旁边加以注释，以此向世人普及自己的思想。

另外，王阳明还编纂了《朱子晚年定论》。他在序中说：

其后谪官龙场，居夷处困，动心忍性之余，恍若有悟。

完成《传习录》上卷

正德十三年（1518年），门人薛侃刻印《传习录》上卷，其中以徐爱与王阳明的问答为主。

王阳明的妹婿徐爱与他最为亲密，而且也是所有弟子中最早理解阳明心学的。

徐爱在南京任兵部郎中时，因病离职返乡，曾与陆澄计划在家乡耕田以待王阳明归来，但不幸的是徐爱年仅三十一岁就去世了。徐爱之于王阳明恰如颜回之于孔子，而且不幸早逝这一点，二人也是极其相似。王阳明在得知徐爱的死讯后，悲恸大哭，之后每当言及徐爱时都会悲伤不已。薛侃将徐爱与王阳明的问答编纂为《传习录》的一部分，并刻印出版。

这段时期，王阳明的学说逐渐普及开来，四方志士都来求教，最初王阳明还住在射圃的馆舍内，但是随着人越来越多，该住处便显得狭小了，于是王阳明修缮了濂溪书院，与弟子们学习和居住。当时，江西名士邹守益也拜在王阳明门下。

慰劳宴

王阳明在剿匪大捷之后，身心稍获安宁。一日，他大摆筵席慰劳诸生，并对大家说:"以此来回报诸生。"

诸生十分惊讶,忙问为何。王阳明回答说:

"一开始我在都察院的执务堂审理案件时,每次实施赏罚,均不敢肆意妄为,因为我心中常恐有愧于诸生。平日与诸君相处已久,尤感觉此前的赏罚未必得当,悔恨不已,于是愈加想求其过而改之。直到执务堂上的赏罚之事,各事得当,待与诸君相对之时,感至没有些许增减的必要,我才能心安。这也是一种进步,是因为与诸君的切磋。"

诸生听闻此言,愈加反省自己。这是王阳明以自己的实际经历来激励诸生。

《保甲法》

王阳明在剿灭贼匪归来之后,看到有些人表面上虽已归顺,但是担心其内心未必改变,于是制定了《保甲法》。他在开篇中写道:

> 顷者顽卒倡乱,震惊远迩,父老子弟甚忧苦骚动。……故今特为保甲之法,以相警戒联属。父老其率子弟慎行之!务和尔邻里,齐尔姻族,德义相劝,过失相规,敦礼让之风,成淳厚之俗。

后来,王阳明再次上疏奏请调整盐的运输,他认为赣南地方的盐应该从广东地区调入。最终朝廷同意了王阳明的奏请,当地人民因此获益。

正德十四年(1519年),王阳明四十八岁,身居江西。正月,他上疏感谢皇帝的恩遇。由于在三浰剿匪中,王阳明立下赫赫战功,所以皇帝擢升了他的官职,还荫其子为锦衣卫,世袭副千户。王阳明上疏辞免这一待遇,他在上疏中写道:

> 但荫子实非常典,私心终有所未安。……自恨疾疴之已缠,深惧图报之无日。

但奏疏并未获得准许。王阳明又以祖母岑太夫人病情危笃为由乞求致仕返乡，但仍未得到应允。

小结

《传习录》写得十分简单明了，有兴趣的话，大家不妨认真阅读一下。《朱子晚年定论》并不是我们研究阳明学的必读书籍，若是方便的话，读一读也未尝不可。从《保甲法》中可以看出其政治主张更重视道德的作用。我们会很清晰地看到，王阳明的施政方针是"重视文德、避免武力"。

第八篇

第二次靖乱时期

本篇讲述的是从王阳明四十八岁至四十九岁，这段时期的言行事迹。在此期间，王阳明经历了朱宸濠叛乱和奸党逸言等种种磨难，但依然建立了一生中最大的功勋。王阳明此时的言行对我们来说无一不是很好的借鉴。自此王阳明再没有像这段时期一样拥有如此辉煌的战功。

正德十四年（1519年），福州三卫军人进贵等聚众谋反。王阳明奉命前往镇压。到达丰城后，丰城知县顾佖出城相迎，并告知宁王朱宸濠已经谋反。于是王阳明立即乘船返回吉安，发起义兵抗击朱宸濠，并且上疏朝廷告之宁王之变。听闻此事后，王阳明的知己兵部尚书王琼说：

"有王守仁在，宁王必就擒。"

接下来就详细介绍王阳明征讨朱宸濠的始末。

宁王宸濠

江西南昌为明朝宁王封地。历代宁王雄视南方，世蓄异志，至朱宸濠时尤为奸恶，并最终谋反。据史书记载，朱宸濠天资聪颖，善诗词，但是他性格轻佻，缺乏威仪，好战嗜利，在承袭宁王之位后，变得愈加骄横。

道士李自然阿谀奉承他有天子骨相,于是朱宸濠开始渐怀异心。他在京城不吝钱财,先结交宫廷内侍,正德初年又结交刘瑾等人,为自己在京城博得一片赞誉之声。此外,还用金钱收买京城诸生,让他们向皇帝举荐其孝行,朝廷还因此颁布诏书褒奖宁王。

为了扩大王府的面积,朱宸濠故意在王府附近放火,让火延烧到王府周边,然后佯装救火,实际上则故意让民房焚毁,然后压低价格买下这些土地,以达到扩张王府的目的。此外,他还营造庄园,侵害民业,百姓不堪其苦。征收租税时,朱宸濠在每个村寨聚众守候,威吓平民。他还豢养大盗凌十一等,让他们在鄱阳湖中劫掠客商货物,积蓄军资。

朱宸濠除了特意结交远近的权贵富豪外,还遍访各处名士,将他们聘为自己的门客。举人刘养正,字子吉,自幼被称为神童,但参加科举考试屡屡不中,他做了一身隐士服穿着,以诗文为傲。朱宸濠斥巨资将他招至门下,逢年过节馈问不断,最终两人关系越来越亲密。

李士实是进士出身,颇有权术,自比诸葛孔明,是朱宸濠的重要谋士。此外,朱宸濠还结交其他一些有影响力的人,党羽甚众。

明武宗无子,所以朱宸濠就谋划立自己的二儿子为皇嗣。朝中钱宁、臧贤等宦官都在极力促成此事,六部九卿等也有很多人左右此事。但因为事关重大,朱宸濠不敢多言。

李士实为朱宸濠买通兵部尚书陆完,重新为宁王府设置护卫兵,另外又让南京镇守太监毕真率领南方的官员集体举荐宁王的孝行。后来,陆完改任吏部尚书,王琼代为兵部尚书。这时王琼已知朱宸濠必反,于是对陆完说:

"祖宗革去宁府护卫,是为防杜藩王不轨之谋,正是保全。宁王再三要求恢复护卫,不知他要兵马何用,异日恐有他变,势必累及大人。"

陆完听罢后悔不已,立即写信给朱宸濠劝他主动撤去王府护卫兵。但是,朱宸濠不从,甚至以招护卫兵为名,公然招募勇健之士,朝夕在府中训练他们舞枪弄棒,其凶暴之相已经显露无遗。

刺探宸濠

王阳明早就听说朱宸濠有谋反之心，于是借过节送礼之名，派弟子冀元亨前去拜谢。冀元亨，字惟乾，为人极为忠信，王阳明聘其为儿子正宪的老师。王阳明派他过去实为借机打探宁王的举动。

朱宸濠一直就有结交王阳明之意，听说冀元亨是王阳明的弟子，连忙对其施以厚礼，竟渐渐地言及一些谋反的私念。元亨佯装不知，只谈格物致知之学，希望以此开导宁王，欲制止其不正之心。朱宸濠大笑说："你竟愚痴到这种地步！"于是立刻结束了两人的谈话。

元亨回到赣州，向王阳明讲述了事情经过。王阳明对他说：

"你要大祸临头了。若你留在此处，恐怕宁王的怨毒会牵连于我。"

于是派人护送冀元亨返回老家。

这边宁王府的一些官员见朱宸濠意图谋反，秘密前往京城，向朝廷告发此事。朱宸濠的心腹朱宁与吏部尚书陆完将他们的告发拦截下来，并连忙遣人报与朱宸濠。朱宸濠怀疑他们都是受承奉郎周仪的指使，于是派人假装强盗，杀了周仪全家。此外，还杀了典仗官查武等数百人。然后，屡次贿赂京师权贵，以求杀掉相关举报人。好在这些人及时亡命远方，才幸免于难。朱宸濠的谋反愈加急切。

贤妃娄氏

宁王朱宸濠之妃娄氏素以贤德著称，她为朱宸濠生下了几个儿子，是最受宁王敬重的妃子。娄妃察觉朱宸濠有谋反之心后，特意派歌姬于饮宴中间以歌谏言。听罢此曲，朱宸濠面露不悦之色。

娄妃问他："殿下为何对酒不乐？"

朱宸濠回答说："我之心事非你一女流所知。"

娄妃笑着说："殿下贵为亲王，锦衣玉食，快乐非常。若循理奉法，永为国家保障，则世世不失富贵。此外更有何心事？"

朱宸濠说道:"你只知道小快乐之滋味,不知大快乐之滋味。"

娄妃又问:"大快乐与小快乐之区别何在,臣妾愿闻其详。"

朱宸濠回答说:"大快乐者,身登万乘之尊,治临天下。吾今不过是个藩王,治理不过数郡,这不过只是小快乐而已。岂能满足我的心愿?"

娄妃又说:"殿下所见差矣。天子总揽万机,晚睡早起,劳心焦思,内忧百姓之失所,外愁四夷之未服。至于藩王,衣冠宫室,车马仪仗,虽亚于天子,但有丰厚之俸禄,无政事之责任。所以殿下之乐乐过于天子也。殿下受藩镇之封,更是分外之乐。窃恐是志望大而谋略疏,求福得祸,到时悔之晚矣!"

朱宸濠勃然大怒,摔掉酒杯起身离去。娄妃还劝告其弟,切勿跟随宁王谋反叛逆,但弟弟并没有听从姐姐的劝告。

朱宸濠建造阳春书院,并将其定为自己的离宫。他还试图毒死巡抚王哲,其他官员无不悚惧。他要求前来参拜自己的官员必须身着朝服,各官惧其势焰,大多顺从。当时,鄱阳湖中的商船屡遭劫盗,官吏们都知道这是宁王在暗中指使,但谁也不敢出声。娄妃屡次劝谏,但是宁王根本不听。

兵部尚书王琼预感到朱宸濠会叛变,于是责令各省巡抚加紧训练士兵,随时备战。此外,他从承奉郎周仪等人惨遭横死入手查起,责令江西巡抚严捕盗贼。南昌府捕获了一群盗贼,其中就有凌十一。巡抚孙燧认出凌十一是宁王的亲信,于是立即将此事密报王琼。后来,朱宸濠派人劫狱,将凌十一等党羽从狱中强行救出,加快了谋叛的步伐。

朱宸濠计划在举行乡试时,待百官进入考场后便举兵谋反。

王琼听说凌十一被劫走,大怒道:

"此贼正是宁府反叛的证据,如何容他劫去?"命令有司务必加紧将其抓捕归案。

朱宸濠害怕谋叛之事败露,于是命南昌诸生歌颂自己的贤德孝行,又逼迫抚按官上奏赦免凌十一。按察副使许逵劝巡抚孙燧发兵包围宁王府,进去搜查盗贼,如果能捉到一两人,那就可以向朝廷上奏追究谋叛之事,请求皇帝剥夺朱宸濠的王位,以免养成叛乱之大患。但是,孙燧犹豫不决,反倒在朱宸濠的催促之下,迫不得已随众在保举宁王的奏折上署了名字。

其实孙燧是想另外密奏，向朝廷汇报宁王的不法之举。但是宸濠早就防着他的密奏，他派出自己的心腹埋伏在江西至北京沿途，把江西的奏章全部劫夺而去。孙燧向朝廷密奏了七次，但奏折一次也没有送达朝廷，相反只有那封众人署名保举朱宸濠贤德孝行的奏章到了皇帝手中。

当时，江彬是皇帝的新宠。太监张忠和钱宁有矛盾，而钱宁又与宁王有交往，于是张忠选择和江彬结盟。张忠想借宁王之事扳倒钱宁，但是一直没得到机会。后来，等保举宁王贤德孝行的奏章到了北京后，明武宗问张忠：

"保官是为升他官职，保亲王意欲何为？"

张忠回答说：

"王以上更无进步，其意未可测也。"暗讽朱宸濠有谋反之意。

御史萧淮直接上奏说宁王有谋反之意，并参李士实、毕真等人助其谋反之罪。给事中徐之鸾等人也连连上奏言宁王谋反之事。但是，明武宗心慈仁厚，念及血缘姻亲，不忍心直接发兵攻打，于是派驸马都尉崔元、都御史颜颐寿及太监赖义前往宁王府劝谕朱宸濠，令其革去护卫。

宁王的心腹林华听闻诏使要来宁王府，于是立即骑马，日夜兼程，仅用十八天就回到了宁王府。那天正好是宁王生辰。当时朱宸濠正在大摆筵席款待前来贺寿的官员。林华只好等到散席之后才向朱宸濠汇报了朝廷要派人来的事情。听罢这一消息，朱宸濠对李士实、刘养正等人说：

"今诏使远来，事可疑矣。恐诏使先到，便大事难成。今当如何？"

刘养正回答说：

"事急矣。明且诸司酌酒，便当以兵威胁之。"

李士实回答说：

"须是假传太后密旨，如此这般，方好商量停当。"

当时，凌十一等人也都前来为宁王贺寿。他们连夜秘密传令各兵营，要求严阵以待。第二天早上，众官员来到宁王府致谢。行礼完毕后，朱宸濠起身立于露台之上，骗众官员说：

"昔孝宗皇帝为太监李广所误,抱养民间子(意为当今圣上并非正统的天子)。我祖宗不血食者,今十四年矣。太后有密旨,命寡人发兵讨罪,共伸大义。汝等知否。"

两位忠义之士

朱宸濠说完,这时巡抚孙燧挺身而出说:"既然是太后密旨,请拿出来让臣等观之。"

朱宸濠大声说:"不必多言。我今去往南京,汝愿保驾否?"

孙燧回答说:"天无二日,民无二王,这才是天下之大义。此外非某所知。"

朱宸濠大怒,用手指着他大骂:"你既保举我孝行,如何又私下遣人诬奏我图谋不轨?如是反复岂知大义?"于是下令把孙燧给拉出去斩了。

按察司副使许逵大声说:"孙大人乃钦差大臣,你这反贼胆敢擅自杀之?"

朱宸濠大怒,喝令把许逵也拉下去一并斩了。

许逵对孙燧说:"我欲先发制人,公不听我言。今果然受制于人,你还有何可言?"接着大骂朱宸濠:"宸濠逆贼,今日你虽杀了我等,但天兵一到,你全家必将受戮。"

朱宸濠下令将二人拖到惠民门外,斩首示众。娄妃听闻此事后,急忙派人前去搭救,但为时已晚。

至此,朱宸濠已经彻底举起反叛大旗。佥事潘鹏早已接受宁王的贿赂,与朱宸濠关系非常亲密,所以他率先高呼万岁。其他官员害怕惹祸上身也相继跪地叩拜。布政使梁宸、按察使杨璋、副使唐锦、都指挥马骥彼此面面相觑,不敢出声。朱宸濠大喝一声:"顺我者生,逆我者死!"四人也不自觉地屈膝而跪。

朱宸濠即日拟定朝廷,设置诸官职。瑞州知府王以方早就知道朱宸濠必反,于是勤练兵马,修筑城寨,以备将来防守之需。朱宸濠欣赏其才能,多次派人厚礼相送,希望能够将其招致自己门下,但王以方都坚决辞受。朱宸濠谋反之时,王以方恰巧因公事到达南昌城,不幸被逆党抓住送往宁王府。朱宸濠命其投降,但王以方宁死不从，最后被投入大牢。

朱宸濠又向各地发布檄文，拟改正德年号为顺德，只待于南京登基后，就立即改元。还发布檄文指斥明武宗，极尽所能去诋毁他。当时，朱宸濠蓄养了士兵两万人，招揽四方盗贼四万余人，又派心腹王春等大肆征兵。再加上王府护卫和受胁迫而服从的人，共七万余人，军事力量非常强盛。朱宸濠又借用江西布政司的印信和公文，派人通知到全国的布政司，告之其举兵叛乱之意，另外修整战具准备出兵。

宁王朱宸濠这一举动震惊了江西百姓。

侥幸逃过一劫

前面已经提到，在朱宸濠谋反之前，福州三卫军人进贵等聚众谋反。朝廷命王阳明前往镇压。王阳明选在某一天启程，以便赶到为宁王祝寿。在明代，按照惯例，属地官员应该给王爷拜寿。

临行之前，王阳明的随从取出官印放在了后堂。但是出发时，仓促之中锁上了门，就把官印落下了。直到行至吉安，王阳明上岸想取官印时才发现并未带在身上，于是只好派人返回赣州取印。就这样在路上耽搁了几天后，才到丰城。这天正好是孙燧和许逵遇害的日子。

假如王阳明没有忘记官印的话，那这天他肯定也会参加朱宸濠的生辰宴会。依他的性格，很可能会与孙燧、许逵一起被杀。忘记官印反倒使他逃过一劫，这岂不是天意！

踏上征讨宸濠之途

丰城距南昌城仅有十余里。不到半日朱宸濠杀害孙燧和许逵一事，就传到了丰城。知县顾佖拜见王阳明，将江西省内之事以及一些传闻尽数告知：

"宁府已发兵千余，听说他还邀请你一同出兵，不知是否有此事？"

王阳明命令顾佖："你自去保护地方即可。那宁王的反情，京师早已知道，不日大兵将至。你去安抚百姓，不必忧虑，我亦将即日起兵。"

顾佖遵照王阳明之言离开。

王阳明急召随从问道："你听见了顾知县刚才说的话了吗？"

随从说："没有听到。"

王阳明说道："宁王谋反了。"

随从大惊失色。

王阳明说："事已至此，只有赶紧离开此地方为上策。自此向西北入瑞州，到瑞州后传檄起兵讨贼，别无他策了。"于是他命令连夜行船赶路。

船夫听闻宁王朱宸濠已经谋反，吓得是心胆俱裂，不愿意开船，他说："南风很大，船只难以前行。且等明天早上看看风向如何？"

王阳明亲至船头，焚香北望再拜，说道："皇天若哀悯生灵，允许我王守仁匡扶社稷，愿风向即反。若天心助逆，让生民合遭涂炭之苦，我王守仁愿先溺水中，不望余生。"只见其言泪俱下，同行者都深受感动。祈祷完毕后，南风逐渐平息。须臾之间，只见樯竿上小旗开始飘扬，已转北风。

此时船夫又推托天色已晚不愿行船。王阳明大怒，拔剑欲斩其首。众随从下跪请求宽宥，最后割掉船夫一只耳朵，才终于扬帆行船。

船行数里，已是日落西山。王阳明见所乘船只太大行驶太慢，便让随从暗中寻找小渔船。王阳明微服移至渔舟之上，身旁唯有雷济等人相随，随身只带敕印，其衣冠仪仗全部留在大船上。他吩咐其他人紧随其后。

他们所乘坐的渔船因为体型小，在波浪中能够迅速前进。

这边朱宸濠打听到王阳明已经从南赣出发，但是迟迟不见其到来。他心想："为何还不见到来呢？或是道路难以通行，抑或是半途听到风声又回去了？王阳明有经世济国的才能，如若得他相助，大事必可成。"

于是，朱宸濠吩咐内官喻才，乘小船数十只追寻王阳明的踪迹。喻才行至某地的时候，终于追上了大船，抓住了王阳明的随从萧禹。

萧禹说："王阳明早已经走远了，抓我何用啊？"

喻才只好取了王阳明的衣冠回去复命。

推测宸濠三策

王阳明乘渔舟径直来到临江，连当地的官员都不知情。王阳明派人登岸找寻轿子。得到这个消息后，临江知府戴德孺赶忙来到岸边迎接，让王阳明进城做出兵的准备。

王阳明说："临江在大江之滨，与省城南昌城相近，且居敌军道路之冲，不可居也。"

戴德孺问："听闻宁王兵势甚盛，何以抵御？"

王阳明回答说："若濠出上策，乘其方锐之气，出其不意直趋京师，则宗社危矣；若出中策，则径直攻打南京，大江南北亦受其害；若据守江西南昌城，则勤王之师于四方汇集，如鱼游釜中，不死何为，此下策矣！"

德孺又问："以老大人明见，您觉得他当出何策？"

王阳明回答说："宁王未经战阵，心中必然生怯。若我们伪造兵部尚书命令发兵攻打南昌府，他必然据守，不敢远出。旬日之间王师由四方集结而来，必破之。"

征讨的准备与策略

王阳明辞别戴德孺后来到新淦。知县李美是个将才，平素训练士兵，有精兵千余。李美将王阳明迎入城内，希望他能够登城指挥战斗。但是，王阳明却对他说："你是一番好意，但这弹丸之地，不堪用武啊！"

后来，李美备了船，和王阳明一起乘船前往吉安。知府伍文定听闻王阳明来了，大喜，急忙前来拜见。王阳明告诉他，自己打算回南赣征兵。

伍文定说："本府兵粮俱已备好，只等大人发号施令，您不必回去征兵，若回去难免稽延时日。"

于是，王阳明就在吉安驻扎下来，上疏详细报告宁王之变，奏请朝廷出师征讨，以解倒悬之苦。与此同时，王阳明再次上疏请求致仕还乡。

知府伍文定及王阳明的弟子邹守益等一同商议，决定因地制宜，传檄四方，揭露朱宸濠之罪行，同时在各郡征兵以勤王事。王阳明又派人到安福，将刘养正一家老小接到吉安城中，厚礼相待，并写信给刘养正，以此离间他与宁王的关系，让宁王对他起疑心。此外，王阳明又派人假装李士实的心腹，找到李士实的家属对他们说：

"我只是应敕旨聚兵而已。宁王之事，成败未可卜知，此时，我怎么能轻易与他为敌呢？"

在这期间，王阳明自己做了令书，投往各地，告知他们说朝廷已经得到朱宸濠叛变的消息，准备派遣大军前来。他命朝廷的各路军马俱汇集于南昌，令江西各府县速速调集军马即刻支援。还在丰城故意布疑兵，做出接应大军前来的样子。

宸濠攻陷南康九江

最初，李士实、刘养正等人劝朱宸濠直趋北京。如果不行的话，也必须先占领南京，待将根基打稳之后，方可号令天下。朱宸濠本来也欲依此计行事，但一听说朝廷大军已集结，不日即将到来，就不敢贸然出城了，只能做守城之计。李士实又劝朱宸濠说：

"朝廷方才派遣敕使，怎能如此迅速发动大军？此必是王守仁缓兵之计。殿下背负反叛之名，若不风驰雷击，而困守一隅，一旦待四方之兵聚集后，大事必败矣。殿下宜分兵攻击九江，若得九江，就从中调发兵力攻打南康。殿下亲自率大军直驱南京，先即帝位，这样天下的贪图富贵之徒必然翕然归顺。如此一来，大业之日定可期也。"

朱宸濠此时尚还犹豫不决。他一面探听官军的消息，一面又派遣将领率领万人去抢夺官民的船只，顺便袭击夺取南康、九江。南康、九江的军民无奈开门纳贼。一时间捷报频传。

朱宸濠大喜，说："出兵仅数日则连取二城，又增添了许多钱粮军马，想必我大事必成。"朱宸濠命人镇守夺取的城池。

其他人撤回兵将，随大军继续征进。朱宸濠向各地派出言使，招降府属各县，承诺投降者可以官复原职。这时恰好打探官军消息的探子来报："并没有各路军马的消息，并且王守仁安坐于吉安，听说他已经向所属郡县发布命令，但军马尚未到达。"

宸濠招降王阳明

朱宸濠对投降于他的参政季敩说：

"你曾与王守仁同在军中,今若能为我前往吉安,招降王守仁,你的功劳不浅。"

季敩随即率旗下士兵十二人，带着朱宸濠写的檄文一同来到吉安，欲劝说王阳明归顺宁王。而王阳明早有命令，要求各路领哨官把守任地，若有宁王的人经过，无论何人，一律绑了送到官府审问。

季敩等人刚到，就被拦下了。季敩怒喝道："我乃本省参政，你是何人，敢来拦我？"

领哨官问他："到此何事？"

季敩回答说："有宁府檄文在此。"

于是下属将檄文拿给领哨官看，结果却被领哨官给捆了。季敩慌忙调转船头准备逃跑。领哨官知道参政是个大官，也不敢轻举妄动，只是抓了五个随从押送至王阳明那里。王阳明问他：

"季敩何在？"

领哨官回答说："已逃矣。"

王阳明长叹一声：

"忠臣孝子与叛臣贼子，只在一念之间。季敩向日立功讨贼，便是忠臣；今日奉贼驱使，便是叛臣。为舜为跖，差之毫厘，谬以千里，岂不可惜。"

吉安知府伍文定请求王阳明出兵征讨朱宸濠，但王阳明却对他说："宸濠士气方锐，我们不可急攻。必须让他看到我们自守不出之情形，诱其离开巢穴，然后尾随其后再做打算。先光复省城,他知道后必然带兵回来支援,我便因势而击。兵法所谓'致人而不致于人'就是这个道理。"

于是,王阳明依然拥兵自守,只是不断派人打听南昌城的消息。

季敩逃回后,来见宁王,向他述说了随从被抓的事情。朱宸濠听罢大怒,问其王阳明出兵的消息。季敩害怕惹祸上身,于是骗他说:

"王守仁只可自守,安敢与殿下作战?"

朱宸濠信以为真。

宸濠攻打安庆

朱宸濠以为朝廷大军还未集结,于是安排万余将士,命人坚守南昌城。他们准备了很多大炮弓弩之类的武器,还在南昌城外安置了一部分伏兵,以防止官军攻城。

朱宸濠自己则带着娄妃和其他人发兵东下。

那天早晨,朱宸濠来到自己的寝宫,请娄妃登船。娄妃尚不知宸濠之意,于是就问他:

"殿下邀臣妾去往何处?"

朱宸濠回答说:

"近日太后娘娘有旨,许各亲王往南京祭祖。我与你一同前往,不久便回。"

娄妃半信半疑,只好随他而去。

朱宸濠登上战船以后,布置祭坛来祭祀江伯,下令斩了瑞州知府王以方,以代为血祭。在祭祀时,放着王以方头颅的几案突然断裂,头颅自己掉到了地上。朱宸濠就命人将王以方的头扔到长江里了。

战船出发之时,疾风暴雨,雷电大作。打头阵的将领在船上被暴雷劈死,见此情形朱宸濠心中大为恐惧,开始有些犹豫。此时,李士实劝他说:

"事已至此,殿下能拱手停止吗?天道难测,不足虑也。"

朱宸濠命人把酒拿来,痛饮一番,很快就醉倒在椅子上了。在梦中,他对着镜子看到白发如霜的自己，猛然惊醒。他急忙唤来道士徐卿，让他解梦。徐卿叩头称贺说：

"殿下贵为亲王，而梦到头白，乃皇字也。此行必取帝位。"

当时朱宸濠的叛军有六万人，对外却号称十万大军，全都乘坐在抢夺来的官民的船只上。船上旌旗遮蔽了长江，浩浩荡荡长达六十余里。

叛军一路在沿江各县烧杀抢掠。在即将到达安庆之时，朱宸濠派归降的金事潘鹏带着檄文前往安庆向那里的守军招降。安庆知府张文锦召来都指挥杨锐，问他该怎么办。杨锐回答说：

"王阳明之前有命，吩咐坚守任地，大兵不日将至。今潘鹏来劝降，当极力拒之。"

随后，杨锐登上城楼，对潘鹏说：

"潘金事乃国家重臣，奈何成为反贼的奴隶，还为他们传话。宁王有本事，来打安庆城就是。"

潘鹏回应说："你且先打开城门听我说，我有很多话要讲给你听。"

杨锐对他说："若要开门，除非是逆贼朱宸濠自己过来。"

说罢杨锐弯弓搭箭，做出欲射杀潘鹏之状。潘鹏满面羞惭，急忙退回向朱宸濠报告。朱宸濠大怒，说道：

"一个安庆城，能有多么难打。"

李士实劝他说："殿下速往南都即帝位。到时何愁安庆城拿不下来呢？"

听闻此言，朱宸濠默然一笑，于是命令船只驶过安庆城，直奔南京。

这时杨锐心想：若宁王直奔南京，便成大事，当以计留之。于是，就在安庆城墙的四个角上立起大旗，上面写着"剿逆贼"三个大字。朱宸濠知道后十分愤恨。杨锐又让士兵和百姓环立城头之上，大声辱骂朱宸濠，所有人齐声喊着：

"反贼，不日天兵到来，全家灭亡！"

朱宸濠在船中听得外面极其喧哗，就问是怎么回事。潘鹏回答说：

"这是杨锐指使军民辱骂殿下。"

朱宸濠闻之大怒，说道："我且攻下安庆，杀了杨锐，然后再去南京也未迟。"

于是下令将安庆城西边外城劫掠一空,然后将大军聚集于安庆城外,朱宸濠亲自督战。

安庆城池坚固,再加上张文锦和杨锐在此经营已久,在城内准备了充足的守城武器。官兵虽不足百人,但城墙上皆是民兵。安庆城内全民皆兵,就连妇女老人都分发了战具。凡是登城者必带一两块石头,城墙上石头堆积如山。他们还在城墙上架起大锅,煮茶而饮。如果叛军胆敢攻城的话,就用石头砸,用开水浇,结果叛军也不敢靠前。

叛贼建起凌云楼,从高处窥探城中情形,打算从高处攻城。结果城中搭设出数十座更高的飞楼,从高处射击贼寇,杀死多人。杨锐又招募敢死队,趁晚上偷袭敌营,叛贼大乱,直到清晨队伍才安稳下来。

朱宸濠对部下说:"一个安庆城,且不能克,还指望破金陵?"

于是,命令士兵运土填堑,誓破安庆,志在必得。

中王阳明之计

这时王阳明派去打探南昌城消息的探子们都已经回来,纷纷向王阳明禀报,说是宁王已率兵沿水路东下,现正围攻安庆城,攻势甚猛。而且,南昌城的守备极为严密,据说在城外还设有伏兵,但不知在何处。王阳明重赏了探子,又发船派他们再去打探伏兵的虚实。众将请求援兵安庆,但王阳明却对他们说:

"今九江、南康二城,皆为贼所据,而南昌城中精悍贼兵尚有万余,粮草堆积如山。我兵若到达安庆城,贼必回军死斗,我们将腹背受敌。安庆城中我们的兵力,仅足自守,不能援我于鄱阳湖中。若南昌城之贼兵绝我粮道,四方之援兵又不可指望,则大势已去。而今各郡官兵渐次齐集,贼兵听闻此事,必已受震慑。因而我们要并力攻打南昌城,势必获胜。既破南昌城,贼就先丧了胆,必然会回军去救他们的根据地,这样一来安庆之围自解。而我们也可以抓住朱宸濠了。"

此时,邹守益面见王阳明,提醒他说:"听闻朱宸濠引诱叶芳之兵来夹攻吉安。"

王阳明回答说:"叶芳必不会背叛。"

邹守益又说:"叶芳归从朱宸濠得以封官,能以常理推测吗?"

王阳明沉默许久后说:"即使天下尽反,我辈固当如此做。"

邹守益恍然大悟,一时间如同胸中利害被洗涤殆尽。

王阳明将自己的家人留在吉安城内的官舍中,并在房子周围堆满了柴草,他嘱咐守卫说:"若兵败,即点火,不能让这里成为被叛贼辱没的地方。"

王阳明自吉安起兵,令诸将于一定期限内齐聚于临江地区。于是各府县的兵将如期集结。王阳明本打算登台誓师,但因积劳成疾,病发无果。王阳明勉强写了一道军令,把知府伍文定等人叫来交给他们。

令词写着:

"伍长不用命者斩队将。队将不用命者斩副将。副将不用命者斩主将。"

王阳明对他们说:

"军中无戏言,此是实语,不相诳也。"

伍文定等人皆暗自咋舌。

大军行至丰城时,南安推官徐文英正好因公务驻在南昌城外,他不理会叛贼的非难,与奉新知县刘守绪一同带着壮兵前来与王阳明会合。王阳明把他们悉数留在军中,听候调用。

此后,王阳明的病也逐渐好转。他将全军分为几个部分,各示以进攻屯守之计,命他们到达各自负责的区域。在出发前,王阳明将几个贪生怕死的士兵斩首示众,各军无不战栗。

回过头来再说朱宸濠攻打安庆城之事。虽然已经打了十八天,但城内军民随机应变,毫无溃败之象。朱宸濠正心急如焚,忽然接到南昌城告急的报告,其中写道:

"王阳明大军已至丰城,将及南昌城。城中军民震骇,乞求迅速分兵归来支援。"

朱宸濠大惊,便打算解安庆之围,撤兵返回应援南昌。李士实劝他说:

"若殿下一旦回去,则军心涣散。"

朱宸濠说:"南昌城乃我的根基,如何不救?"

刘养正也劝他:

"今安庆城音信不通,破在旦夕,得了安庆城可作为我军的屯兵之地。然后调集南康、九江二府之兵,齐救南昌城。官军见我军兵势浩大,则不战而退矣。"

朱宸濠不听二人建言,最终彻底中了王阳明之计。

大败宸濠

王阳明派出探子探明了朱宸濠布设在南昌周围的伏兵有千余人,并且也搞清楚了他们的具体位置。王阳明派刘守绪等率四百精兵走小道,出其不意地偷袭这些伏兵。一时间伏兵溃散,齐齐朝着南昌城奔去。

南昌城内的守军突然听闻王阳明的大军已到,而且已把伏兵杀得四散而逃,所有人都惊骇不已,奔走相告,全都生出畏惧逃跑之念。

一天早晨,各部皆向指定地点出发。王阳明再次强调纪律,要求一鼓响,必须到城下;二鼓响,必须登城;三鼓响,必须攻克。如果不成,就斩杀伍长;如果四鼓响了,还没攻下,就诛杀其将领。

各部的统兵官都知道王阳明的军令严明,所以一听到鼓声,所有人呼喊着齐头并进,冲着贼兵杀去。伍文定率领的士兵搭起梯子,率先登上城墙。守城的贼兵见官军势力强大,全都临阵倒戈,四散而逃。城中杀声震天,各路官军杀开城门,涌入城中,活捉了宁王的儿子等千余人。一部分宁王的宫人们纵火自焚,可怜百余人全都化作一地烟灰。自焚的火势太猛,甚至引着了周边百姓的房屋。

王阳明率大军进城以后,传令各官分兵救火,安抚居民。火扑灭后,伍文定等前来参见,并将投降之人押到堂下。王阳明命人查封南昌城内的府库,搜获大小衙门印信九十六枚,南昌城中的人们这才放下心来。

曾与朱宸濠有通者都来自首。王阳明反倒安慰他们,有古人之诗为证:

皖城方逞螳螂臂,谁料洪都巢已倾。
赫赫大功成一鼓,令人千载羡文成。

王阳明又打探到，宁王已经解除了对安庆城的包围。朱宸濠先派凌十一等率两万兵将疾驰南昌城，然后自己率大军随后而至。当王阳明获知此消息后，他聚集众将商议对策。大家都说：

　　"贼势强盛。今日我军既有省城可守，且宜敛兵入城，坚壁观衅，待四方援兵到来，然后再打。"

　　王阳明笑着说：

　　"非也，贼势虽强，但他们未逢大敌，只是以爵赏引诱众人加入了他们的部队而已，所以士兵缺少义勇之心。如今他们进不得逞，退无所归，其士气已经沮丧。若出奇兵攻打之，一旦挫其锐气，他们将不战自溃。这就是所谓先发制人。"

　　恰在此时，抚州知府陈槐与进贤知县刘源清各自率兵前来助战。王阳明派伍文定、邢珣、徐琏、戴德孺各领兵五百，分四路并进；又派余恩领兵四百往来于鄱阳湖上，引诱叛军；再派陈槐、王轼、刘守绪和刘源清等各领兵百余，在四面布设伏兵，待伍文定等人与敌军交锋时，大家齐力合击。

　　部队都安排妥当之后，王阳明下令打开粮仓，赈济城中军民。王阳明担心所俘获的朱宸濠旧部等可能会成为宸濠的内应，于是亲自前往安慰，让他们安心，并且贴出告示：

　　南昌城内外军民杂役人等，除真正造逆不赦外，家属在南昌城者，各安居乐业，勿得逃窜。父兄子弟有能报告犯罪者，迁善改过，擒获恶徒及报捷者，一律论功给赏。逃回自首者，免其本罪。其有收藏军器，应尽数送官。各宜悔过，勿取灭亡。特示。

　　二十多张告示贴遍了城门内外，告示内容随即传播开来。

　　当时，朱宸濠的先头部队凌十一等已经出发，战船风帆遮蔽了长江，前后绵延数十里。官军奉王阳明之令趁着夜色前进，伍文定率正兵在前，余恩紧随其后，邢珣率兵绕到敌后，徐琏、戴德孺则分左右两翼，各自出击。这样就分散了敌军兵力。

　　第二天早晨，北风大作，贼军鼓噪，乘风前行，直逼黄家渡，距南昌城仅三十里。

伍文定之兵刚一交锋即佯装败逃。余恩也是如此，刚一交战就假装败退。看到官军如此不堪一击，叛军得意扬扬，各船争相趋利前行，前后不再相连。这时，邢珣领兵从后方径直插入其中，叛兵战船大乱。伍文定和余恩趁机杀了回来，与徐琏、戴德孺合伙从两侧夹击，再加上四面伏兵呼啸而至。一眼望去，鄱阳湖上尽是官军。

贼军头子凌十一等哪见过如此阵仗，他们以前不过是劫掠江湖中的平民船只，见到官军如此强势，吓得肝胆俱裂，急忙撤舟回退，贼军溃败。官军乘胜追击十余里，擒斩两千余人。凌十一中箭落水，贼军落水而死者一万多人。有数千名残兵退守八字脑，但是更多的士兵开始逃亡。朱宸濠听闻己方兵败，大惊失色，将九江和南康二城的守城之兵尽数调出，以增军势。

王阳明探知到这一消息后对身边众将说：

"贼兵已撤，九江、南康二城空虚。不收复九江，则其他援兵终不敢越九江来援助我军。若不复南康，则我兵亦不能逾南康以穷追敌军。"

于是派抚州知府陈槐等人率兵进攻九江。当时，恰好建昌知府也率兵赶到，于是命其率兵四百与广信知府周朝佐之兵合取南康城。

朱宸濠发布奖赏令以激励将士。规定带头冲锋者，赏银千两；两军对阵受伤者，赏银百两，并传令各军合力与官军决一死战。这天北风更大，贼船顺风奋击。伍文定率兵攻打贼军头阵，但因风势不利，损失兵将数十人。

王阳明见官军将领有败退之意，急忙让人取来令牌和宝剑交给中军官，命其斩取领兵官伍文定的头颅以示众。但是，他又暗中嘱咐中军官说：

"若他能拼力奋战，姑且缓之。"

伍文定见到令牌，大惊失色。亲自手握兵器，立于船头，督军作战。发射火炮时，因为逆风，伍文定的胡子都被烧没了，但他完全不顾自身安危，率领将士们舍身奋战。邢珣等率兵及时赶到，一齐放炮，炮声震彻天际，将朱宸濠所备用的船都击碎了，一些将领也被炮弹给打死了。朱宸濠大惊，下令转移到其他安全的地方，叛军大败。在这一战中，官军擒斩两千余人，淹死的叛军更是无数。

朱宸濠将残兵聚集在一起，将船与船连接成方阵，以便四面应敌，并将自己的金银财宝全部拿出来犒赏将士，欲在明天与官军决一死战。

王阳明密谋火攻之计。他命邢珣击其左，徐琏、戴德孺击其右，余恩等分头四面埋伏，只要望见火光，所有人就一起进攻。

朱宸濠召见群臣，责备诸将不努力作战，所以才导致接连败战。他欲将一些将领斩首以正军法，其他人极力为他们求情，这才得以免死。

正在众人争论之际，忽闻得四下喊声震天，原来是伍文定率领官军用小船装满柴草，趁着风势纵火而攻。火烈风猛，很快叛军的船就被烧着了，宛如三国时火烧赤壁。各路伏兵望见火光，合力杀了过来。叛军的战船四面皆是火，很多贼兵被烧得从船舱中逃了出来，结果还是被官军给杀了，另有很多人被生擒。

王阳明派人举着大令牌晓谕各军，令牌上写着"逆濠已擒，诸军勿得纵杀，愿降者听令"几个大字。官军信以为真，士气倍增。而朱宸濠的叛军则失去士气，争相寻船逃命。

宸濠的末路

朱宸濠知道大势已去，也打算逃跑，他与娄妃泣别说：

"昔人亡国，因听妇人之言。我因不听贤妃之言，以至如比。"

娄妃哽咽，泣不能声，只说一句：

"殿下保重，勿以妾为念。"

说完就与数名侍女一起跳到鄱阳湖自尽了。朱宸濠心如刀绞，肝肠寸断。随从觅得一条小船，朱宸濠换上衣服，与随从带着几名宫女，乘着小船，冒着战火奋力前行。万安县知县王冕，依照王阳明的密谋，准备了渔船数艘，散伏在芦苇荡中暗自观察。果然朱宸濠以为这都是普通渔船，大声喊道：

"渔翁渡我，当有厚报。"

待朱宸濠上船后，只听船上一声哨响，周围散伏的渔船便都聚拢而来。朱宸濠自知难免一死，于是选择投水自杀。但是，他跳水的地方水太浅了，等他站起身来发现自己并未死。士兵们用长竿勾住他的衣服，把他拖了上来。

是时，伍文定、邢珣等率军乘胜追击，先是擒住了朱宸濠的家眷等人。后其党羽李士实、刘养正等数百人也先后被擒，季敩等人跳水自尽。此战共擒斩叛军三千余人，落水者有二万余人，衣服、盔甲、武器、财物与浮尸在水面上横荡十余里。战后，王阳明又派兵进入昌邑和吴城搜查，将所有残兵败将擒斩殆尽。

湖口知县章玄梅将王阳明迎进城中让其就座，其他人押着朱宸濠进城献俘。朱宸濠看到湖口城内远近的街道上军队严整，禁不住苦笑着说：

"此是我家事，何劳先生这等费心。"

朱宸濠见到王阳明后，拱手行礼说："濠做了错事，甘心赴死，但娄妃每每苦谏我勿叛国，乃贤妃也。她已投水而死，望善葬之。"

王阳明随即命中军官前去搜寻娄妃尸体。

只见一艘渔舟中载有一具女尸，全身的衣服皆用丝线缝合紧密。渔夫想这女尸身上可能会藏有宝物，正打算撕开衣服搜看时，中军官及时赶到并认出这正是娄妃。王阳明命人将娄妃埋葬于湖口城外，至今仍被称为"贤妃墓"。

慰劳诸将

战后，众官前来拜见。王阳明来到堂下，握着伍文定的手说：

"这次破贼，足下功劳很大。即使我本人功劳最大，你也应该是第二个。"

伍文定回答说：

"全都依仗圣天子洪福和大人您的妙算，我何功之有？"

王阳明又说：

"你斩阵在先，人所共知，不必过谦。"

王阳明又对邢珣、余恩等人也各以温言暖语相慰劳。众官员欢喜而退。

翌日，王阳明正在军中整理军务，中军官前来报告说：

"知府陈槐等分兵攻南康、九江，贼兵出战，俱为官军所败，且城中余贼已诛剿完毕。"至此，朱宸濠贼党全军覆没。

从朱宸濠举起逆旗，到被擒获，前后共经历四十余天。自王阳明从吉安起兵，到剿匪成功则仅有十余天。自古以来,平定祸乱极少有如此神速者。但世人只看到成功如此容易,却未必知晓王阳明谋略之妙处。

王阳明进入南昌城后,每日都坐在庭院中,开着中门。他对学生们的教学从未停止,即使有探子报告前方失利,在座学生皆露恐惧之色时,王阳明也只会起身见过探子,而后就坐下继续讲课,神色自若。不过片刻,探子又来报贼军大败。在座的人都面露喜色,而王阳明一如往常,起身见过探子,然后落座继续讲课,神色一如往常。

众人皆佩服王阳明度量,门生邹守益来拜见王阳明时,向他道贺说:

"且喜老师成百世之功,名扬千载。"

王阳明说:

"何敢言功。且喜昨晚沉睡。"

原来自王阳明听闻宁王之变的消息后,便日夜焦心苦虑,直到这时才能安枕入眠。王阳明赋诗一首:

甲马秋惊鼓角风,旌旗晓拂阵云红。
勤王敢在汾淮后,恋阙真随江汉东。
群丑漫劳同吠犬,九重端合是飞龙。
涓埃未遂酬沧海,病懒先须伴赤松。

王阳明传令班师返回,暂驻南昌城。城中听闻官军凯旋,军民围观的人不下万余。朱宸濠坐在小轿之中,其余的贼党都锁在囚车内,前后军兵拥卫,个个刀枪出鞘,甲胄鲜明。行至中街,两旁观众欢声如沸,莫不表达祝贺之意,说道:

"我等今日终于脱离倒悬之苦,这些都是拜阳明大人所赐啊!"

王阳明来到城内,下马后与众官会面商议,要对将士的军功进行大赏。他令人在审验清楚后做记功册。待一切安排妥当后,王阳明便开始上奏捷报。

后人有诗称颂王阳明的功劳,诗云:

> 指挥谈笑却莱夷，千古何人似仲尼。
> 旬日之间除叛贼，真儒作用果然奇。

一难刚去，一难又来

王阳明最初在获悉宁王朱宸濠谋反的消息后，立即上疏了朝廷。兵部尚书王琼看到后，立即召集大臣们汇聚一堂，共商对策。这些大臣中，有人曾接受过宁王的贿赂，与他暗地里私通；有人见宁王势大，恐怕他终将夺取皇位，所以各怀鬼胎，徘徊观望，不敢明言斥责朱宸濠的谋反之罪。

王琼正色道："竖子素行不义，今仓促造乱，自取灭亡耳。王守仁据上游，必知贼状，不日当有捷报至也。其请京军出征，特张兵威之策。"

王琼连续发布了十三道命令。他宣布削去朱宸濠的王位，将他定名为反贼并布告天下，凡是忠臣义士能组织义军并擒获反贼朱宸濠者，一律重赏。然后将通贼的逆臣钱宁等逮捕治罪。又传檄文至南京、浙江和江西的各路军马，要求他们分别据守要塞，合力剿杀贼军。朝廷方面还组织了一支大军。

然后，朝廷大军向江西进发，刚离开京城不久，江西方面就传来捷报，说是朱宸濠已经被擒获了。听闻这个消息，许泰、江彬和张忠等对王阳明的功勋起了嫉妒之心，且羞耻于自己没来得及立功，于是秘密上疏明武宗，请他御驾亲征并顺便游览南方名胜。武宗大喜，决定听取他们的建议。很多大臣力谏不要御驾亲征，但是明武宗听不进去，还对一些谏言的大臣施以杖刑，把他们给活活打死了。最终，明武宗御驾启程，一些大学士跟随明武宗一起行动。

刚开始王阳明从南昌启程，亲自押解朱宸濠等逆贼赴京。他先期派遣官吏上疏朝廷：

> 臣谨于九月十一日亲自量带官军，将宸濠并逆贼情重人犯督解赴阙外。

当王阳明在行进过程中听到了明武宗御驾亲征的消息时，他大惊说："东南民力已竭，岂堪骚扰。"

于是他命人取来笔，在墙上题诗一首：

一战功成未足奇，亲征消息尚堪危。
边烽西北方传警，民力东南已尽疲。
万里秋风嘶甲马，千山斜日度旌旗。
小臣何尔驱驰急，欲请回銮罢六师。

当时，明武宗已经抵达淮河地区。许泰、张忠等人看到王阳明的上疏后，向明武宗密奏说：

"陛下御驾亲征，无贼可擒，岂不令天下人笑话？且江南之游，以何为名？今逆贼党羽俱尽，如釜中之鱼。宜密谕王守仁释放宁王朱宸濠于鄱阳湖中，待御驾到，亲擒之，他日史乎上传说陛下英武，名扬万代。"

武宗皇帝原本就是一个贪图享乐之人，听信奸臣们的妄言之后，果然用威武大将军的名义发了一道令牌，派锦衣卫追取朱宸濠。

王阳明接到了这道令牌。有人劝他说：

"威武大将军，即今圣上也。令牌与圣旨一样，礼当前往迎接。"

王阳明却说：

"大将军品级，不过一品。文武官僚不相统属，我为何迎之？"

大家都劝他说：

"不迎必得罪。"

王阳明坚持己见，说道：

"对于父母的错误命令，孩子不能指责，当涕泣随之，不忍奉承。"

其他官员轮流不断栢劝，王阳明不得已只好命人拿着自己的官印前去迎接令牌。以官印对令牌，这是王阳明的妙计。

中军官问王阳明：

"锦衣卫奉旨至此，当送何等谢礼？"

王阳明回答说：

"最多五金。"

中军官说：

"恐怕他会大怒而不接受吧。"

王阳明说：

"随他便是。"

锦衣卫果然大怒，拒绝接受。翌日，锦衣卫又前来辞别，王阳明握着他的手说：

"下官于正德初年，下狱甚久，见过极多贵衙门的官吏。但从未见过像您这样轻财重义者。昨日薄物只是我的一点心意，只求礼节齐备。听闻您不纳，令我惶愧。下官也没有其他长处，只会写几篇文章。他日当为您表彰其事，令后世之人知道您这般高洁之士。"

王阳明的这番话把锦衣卫噎得一句话也说不出，只好悻悻而归。锦衣卫大怒，日夜兼程回去向许泰和江彬等人禀报，说王阳明不接牌旨，不肯把朱宸濠交给他。许泰、江彬等勃然大怒，诽谤王阳明说：

"王守仁先与宁王交通，曾遣门人冀元亨往见宁王，许他借兵三千，后见事势无成，然后袭取宁王以掩己罪。"

太监张永素知王阳明的忠心，着力为王阳明辩白，又奏请前去查明真伪。等王阳明到达杭州时，张永已先他一步到达。二人相见后，张永对王阳明说：

"许泰、江彬等诽谤大人，只因先生献捷报太早，阻碍其南行，因此不悦。"

王阳明回答说：

"西南之民久遭朱宸濠毒害，今经大乱，继以旱灾，已困苦至极。若京军又到，责以供饷，民众无以应对，势必逃聚山谷为乱。奸党群应，成土崩之势。然后再兴兵伐之，不亦难乎？"

张永深以为然，但还是慢慢劝解：

"我此次出行正是因为小人蛊惑圣听，欲居中调停，非掩盖阁下之功也，但皇上圣意亦耻于巡游无名。阁下但将顺应圣意，犹可挽回几分。若逆之而行，恐徒激那群小人之怒，怎能救得了大事？"

王阳明回答说：

"公公所见甚明。下官不愿居功，情愿悉数让与他们，容下官以休官而去足矣。"

于是王阳明将朱宸濠及其逆党交付给张永，然后上疏请求休假。他屏去随从，独自在西湖南岸的净慈寺静养。

张永回去之后，在武宗皇帝面前使劲为王阳明说好话。他说王阳明尽心为国效忠，又说江西局势未稳，之所以没出事全赖于王阳明的弹压，决不能批准他的休假请求。明武宗听从了张永的建议。

遇上奸臣

诸奸臣逮捕了王阳明的弟子冀元亨，进行拷问，想以此找机会陷害王阳明。虽然冀元亨遭受了酷刑，但却没有说一句波及王阳明的话，奸臣们的计谋落空。

许泰、张忠等又向明武宗密奏说：

"宁王余党尚多，臣等愿亲往南昌搜捕，以张天威。"

武宗皇帝准许了他们的行动。

在王阳明到南昌后不久，许泰、张忠等就带着两万大军来到了南昌，城内的街道给堵了个水泄不通。

许泰和张忠来到南昌，妄自尊大。王阳明按照礼节，前去拜见他们。许泰、张忠坐在一旁看着王阳明落座。王阳明假装不知，命人将旁座椅子撤下，然后自己坐在了上座上，让许泰等人坐在下座。许泰等人既羞愧又愤怒，就开始讽刺王阳明。王阳明不接招，说了几句客套话后就一言不发退下了。

王阳明对弟子邹守益说：

"吾不是要争一上座，而是一旦屈体于他们，恐怕当受其节制，举动不得自由。"

许泰、张忠等奸臣以搜捕余党为由，毒害无辜百姓，还向富户人家勒索钱财，直到令他们满意后才放人。他们还纵容士兵抢占民房，掠夺财物，向官府索粮要赏。他们或是指名道姓地骂王阳明，或是故意制造冲突，欲以此生出间隙，好与王阳明产生纠纷，以便于他们在武宗面前诋毁王阳明。但是，王阳明对此毫无抵抗，总是以礼相待。

王阳明已经提前让城内的居民移居农村以躲避流害，家里仅留下老人看家。王阳明还自己出钱，不时慰劳京军士兵。有人病了，王阳明会给他们求医送药；有人死了，王阳明会给他们买棺入殓，感动得京军士兵无不称颂王阳明是好人。

许泰等奸臣责怪王阳明收买军心，于是严禁自己的士兵接受王阳明的慰劳。王阳明又在城内外颁布告示说，京军士兵远离家乡，非常辛苦，我们南昌的百姓应该尽地主之谊，厚礼相待。自此之后，南昌的百姓见到这些军人都会致敬或者献以酒食。京军人人为之感动，便不再做强取豪夺之事。

很快就到冬至了，王阳明示谕百姓说：

"大家遭朱宸濠之乱，横死者甚多，深为可悯。今冬节临近，凡丧家俱具奠如礼，如是在官家服役者，给休假三日。"

于是，南昌百姓家家户户上坟供酒，哀哭之声，远近相接。京军士兵听了后，无不想家，有的人还跟着掉起眼泪来。大家纷纷向带队的长官磕头，请求回到家乡。这真是应了那句话：楚歌一夜起，吹散八千兵。

施辱之人反被辱

张忠、许泰等自以为他们是北方人，擅长骑射，而王阳明是南方人，应该没有学习过骑射。于是某一天，他们假借演武，要与王阳明比试骑射技能。王阳明非常谦虚，再三拒绝：

"某乃书生，何敢与诸公比较技艺？请诸公先行。"

他们以为王阳明真的不会射箭，意气甚傲。许泰和张忠说：

"吾等先射一回，然后再看王老先生射箭。"

军士将箭靶设置好。几人并排而立，张忠居中，许泰在左，各自专注地准备着。北方的军队和南方的军队分立两边，所有的眼睛都注视着他们。只见几人把弓拉得如同满月，把箭射得如同流星，每发一箭，大叫一声，箭很快就全部射完了。

结果仅有许泰一箭射在了靶内，张忠一箭射在了靶角上，其余全部脱靶。他们都是北方人，个个心满气傲，然而其本事也不过如此。只见他们面露愧色，但还是自我辩解道：

"咱们自从跟随圣驾，久不曾操弓执矢，手指便生疏了。求王老先生指教。"

王阳明再次谦让，但那几人非要让他射一箭试试。其实他们是想着如果王阳明也射不中的话，便可以掩饰他们的羞愧了。

王阳明推辞不过，只好让中军官取来弓箭，举手对许泰等人说：

"下官初学，休得见笑。"

王阳明独自立于射场中央，武官等人环立于旁。那几人目露凶光不怀好意地在旁观看。王阳明气定神闲，左手如托泰山，右手如抱婴儿。只听飕的一声，再看箭靶，正中红心。京军连声喝彩，称赞其巧妙。

许泰、江彬等人心中不快，说这是偶然射中而已。

王阳明又发两箭，箭箭皆中。京军见王阳明三发三中，欢呼声震天动地。

许泰等人握住王阳明的手，说道：

"王老先生久在军中，果然习熟。已见所长，不必再射了。"

然后，不欢而散。

是夜，许泰等人派自己的心腹去打探京军的反应，只听他们个个都夸赞王阳明为人甚好，武艺精湛。羡慕南军的士兵们可以服侍王阳明，建功立业，不枉为人一世。

许泰等人听罢，怏怏不快，一夜未眠。第二天早上，他们商量道：

"京军人心俱已归附王守仁，该怎么办呢？"

许泰和张忠商量着决定班师回朝。他们前后杀害良民数百，并且说成是杀的反贼，割下这些人的首级拿回去论功请赏了。在京军离开南昌城后，这里的百姓才又重新安居乐业。

当时，武宗皇帝的御驾已经出发，还未到南京。许泰等人前来禀报，说逆党已经全被他们给剿灭了，然后随着御驾渡过长江，驻扎在南京，游山玩水去了。

遭奸臣谗谤

许泰、张忠和江彬三人趁机在武宗皇帝面前诽谤王阳明,说道:

"王守仁专兵得众,将来必有占据江西之事。"

幸亏张永极力为王阳明辩解,拼命诉说王阳明的忠心,明武宗听信了他的话,最终没有过问。

许泰、张忠和江彬三人又派自己的心腹数次伪造圣旨召见王阳明。他们打算只要王阳明出发,一接近南都,就治他擅离任地之罪。但是王阳明看出了圣旨是假,并没有中计。

正德十五年(1520年)正月,王阳明还在南昌城。许泰、张忠和江彬三人参加武宗的宴会,明武宗突然谈到了天下太平,只见三人异口同声回应说:

"只是江西王守仁早晚必反,臣等甚为担忧。"

武宗皇帝问他们:

"汝等谓王守仁必反,以何为验?"

他们回答说:

"他兵权在手,人心归向。去岁臣等率京军至南昌城时,他又以私恩小惠收买军心。若非臣等速速班师,多半连北军都归顺他了。皇上若不相信,只须遣诏使召之,他必不来。"

武宗皇帝果然下诏召王阳明前来面圣。张永素来看重王阳明的人品,深信他的忠诚,于是秘密派人连夜驰报王阳明,把许泰等人的阴谋尽数告之。

王阳明在得到诏书以后,立即起程赶往面圣。但是,当王阳明行至芜湖时,张忠等听闻王阳明要来的消息,担心他在面圣时启奏关于他们的事情,于是又赶紧派人伪造圣旨制止王阳明来京。

进退维谷

王阳明在芜湖停留了半个月。一天夜里,他默默坐在岸边,看到水波拍岸,汩汩有声，长叹道：

"以一身蒙谤，死则死矣，只是我老亲该如何是好？"

他还对弟子们说：

"此时若有一孔可以窃父而逃，吾亦终身长徃不悔矣。"

此时的王阳明真是进退维谷。不得已，王阳明再一次进入九华山中，每日端坐草庵中。有一天，他微服重游化城寺。当他来到地藏洞时，不觉想起自己多年前在此和老道谈论儒、释、道时的情形，而今他已经四十九岁了，一晃二十余年已经过去了。想到自己内心被功名所羁绊而不得自由，既不能面见圣上扫除奸佞，又不得归卧林泉专心讲学，不禁凄然长叹，取来笔砚题诗一首：

爱山日日望山晴，忽到山中眼自明。

鸟道渐非前度险，龙潭更比旧时清。

会心人远空遗洞，识面僧来不记名。

莫谓中丞喜忘世，前途风浪苦难行。

王阳明又在岩洞中看到有僧人正襟危坐，就问他：

"何时到此？"

僧人回答说：

"已三年矣。"

王阳明不禁感叹说：

"吾儒学道之人，若肯如此专一，何患无成？"

然后又作诗一首：

莫怪岩僧木石居，吾侪真切几人如。

经营日夜身心外，剽窃糠粃齿颊余。

俗学未堪欺老衲，昔贤取善及陶渔。

年来奔走成何事，此日斯人亦起予。

张忠等人明明是伪造圣旨阻止王阳明前来面圣,但他们却上奏皇帝说王阳明不来拜谒,其奸诈狡猾实为可憎。武宗问张永对此事怎么看,张永密奏说:

"王守仁已到芜湖,为江彬等人所拒。守仁乃忠臣也,今闻众人争功,有谋害之意,欲弃官职入山林修道。此人若去,天下忠臣就更没有肯为朝廷出力的了。"

武宗闻言非常感动,他说:"守仁是个儒家学道之人,何反之有?"于是下旨要求他限期回到江西处理政务。随后王阳明返回南昌,不久,上疏乞求减免江西的赋税。王阳明念及祖母岑太夫人的养育之恩,以临终未来得及见老人家一面为由,三次上疏请求回乡扫墓吊唁,但都未获允许。

后来,江西遭受水灾,王阳明上疏请求弹劾自己。当时武宗皇帝还在南京,王阳明本无上疏之理,但他想通过陈述地方上的灾情和弹劾自己的方式,使君心开悟,让他多多关心黎民百姓。

作《啾啾吟》警示世人

不久,王阳明到达赣州,大阅士卒,并教授他们作战方法。

江彬派人来窥探王阳明的动静,想要找到王阳明的差错以便陷害他。跟王阳明相熟的人都劝他暂避风头,避免被他人抓住把柄。但是,王阳明并不听从,还做了一首《啾啾吟》来做解释,现摘录其中一部分:

> 君不见:
> 东家老翁防虎患,虎夜入室衔其头。
> 西家儿童不识虎,持竿驱虎如驱牛。
> 痴人惩噎遂废食,愚者畏溺先自投。
> 人生达命自洒落,忧谗避毁徒啾啾。

王阳明还对众人说:

"吾在此与童子吟诗习礼,有何值得怀疑?"

弟子陈九川等人也劝他应该避避难，但是王阳明却说：

"你们为何不让我讲学？我之前在南昌城，奸臣就在眼前，我也安然处之。纵使有大变，想避也避不开。我之所以不轻易行动，亦经过深思熟虑。'素夷狄，行乎夷狄；素患难，行乎患难，君子无入而不自得焉。'说的就是这个道理。"

钱德洪曾说：

"我昔日整理先生的上疏时，看到便道归省与报朱宸濠之反的上疏是同一日，心中生疑，当此国家危急存亡之日岂能顾及求假？是时，应当唱义兴师，且夕擒朱宸濠也。然而此时犹上疏请命归省，就如即将出师之事与其无关。直到先生上疏皇帝谏止亲征，我才不禁感叹古人处在成功之际难矣！"

钱德洪一直以来深受王阳明的教诲和熏陶，所以才能这般了解王阳明的一举一动。

为小人重奏捷报

武宗皇帝尚在南京。许泰和江彬打算以献俘虏而邀功。但是，张永劝他们说：

"不可。昔日车马还未出京时，朱宸濠已被擒。王守仁献俘北上，渡钱塘，在杭州将俘囚交付于吾手。这事世人都已看到了，岂能强夺他人的功劳？"

许泰和江彬也觉得有理，于是以威武大将军的名义命王阳明重新上奏一次捷报。王阳明将之前的奏疏删减了一下，把许泰、江彬、张忠等随驾诸官的名字一个不落地全都写上，而且还特意指出，朱宸濠之所以不日被擒，这全是各位官员密授方略所致。这样一来，那群小人终于稍稍转怒为喜。

评论

呜呼！那群小人所作所为卑鄙至极。小人的奸邪心术虽说不能压正，但当其正处盛运之时，正义又能奈他何？古今史上随处可见正邪两党的轧轹，其结果虽令后人切齿扼腕，但是，哪个朝代没有这种不祥之事呢？呜呼！上天难道是为了让正义之光明愈加赫灼,才特意生出如此障害?为何要让伟人经历如此多的幽愤不平?钱德洪曾说:"平宁藩之事不是难在提倡正义,而难在处理张忠、许泰之变。"

王阳明虽然身处艰难,但是修养日益精湛,见识与谋略倍加深远。生擒宁王是王阳明一生中的伟大功勋,而这一时期他的精神历练也进步最大。

门人冀元亨横死

正德十五年(1520年),王阳明向刑部和都察院行文,请求为冀元亨的冤案昭雪。

在朱宸濠还未谋反时,冀元亨曾受邀前往宁王府论学,但两人观点不同,最后不欢而散,冀元亨回到王阳明身边。为了保护冀元亨,王阳明派人走小道将冀元亨护送回老家。在平定朱宸濠之乱后,张忠和许泰等人陷害王阳明的奸计并未得逞,于是就逮捕了冀元亨,对其进行严刑拷打,但是冀元亨没有一句阿谀奉承和顺从他们的话。

一些官员纷纷上疏为冀元亨一事辩解,王阳明也向刑部和都察院行文,为冀元亨鸣冤。后来直到明世宗嘉定皇帝即位后才下诏释放他,但不幸的是冀元亨早已身患重疾,得到释放令五天后便死了。同门师兄弟等人为其棺殓。王阳明听到冀元亨的讣闻后,为其设了牌位,恸哭一场,并作文祭奠,抚恤其家人。

像冀元亨这样的忠信笃学之士,竟然遭此横祸,实在令人感到痛惜。

祭奠刘养正之母

原先庐陵的刘养正平素和王阳明的关系很好,在他的母亲去世后,曾请王阳明为母亲写墓志铭。这其实是宁王朱宸濠让刘养正假借请王阳明写墓志铭之际,劝说他归顺自己。但王阳明不从,此事就此作罢。

后来在刘养正死后,正德十五年(1520年),王阳明经过吉安时,特意嘱咐当地官员好好安葬刘养正的母亲,并且作了一篇文章来祭奠:

嗟嗟！刘生子言，母死不葬，爰及干戈。一念之差，遂至于此，呜呼哀哉！今吾葬子之母，聊以慰子之魂。盖君臣之义，虽不得私于子之身，而朋友之情，犹得以尽于子之母也，呜呼哀哉！

随后，王阳明第四次上疏，请求回乡祭奠祖母岑氏，但皇上依然不准。当初，在赣州时王阳明接到祖母岑氏的讣告以及父亲龙山公病危的消息后，本打算上疏请求回家，但就在这时朝廷派他去福州镇压反贼。结果在前往福州的途中，又遇上了宁王之变。于是王阳明上疏请求讨伐宁王的同时顺便乞求归省安葬祖母。朝廷许他等平定反贼之后再说。但至此已经是第四次上疏请求了。据说，王阳明在得知父亲病危后，一度想丢掉官职偷偷逃回去，直到后来听到父亲转危为安的消息后才作罢。

一日，他问自己的弟子们：

"我欲逃回，为何无一人赞成？"

弟子周仲回答说：

"先生思归之念，好似执着于相。"

王阳明沉默了好久才说：

"此相安能不执着？"

战后经营

王阳明再次返回南昌。当时，武宗皇帝的銮驾还没有回京。

经历宁王之乱后，当地百姓生活困苦，哀怨之声不绝于耳。于是王阳明下令兴建一些工程，让百姓有事可做，有饭可吃。此外，王阳明还向各官署下令，要求收回朱宸濠的土地，鼓励生产贸易，赈济饥饿百姓，减免赋税等。经过王阳明的一番经营，江西境内民生逐渐复苏。

王阳明曾给邹守益写过一封信，其中写道：

"自到南昌城，政务纷错。不敢放手自己的舵柄，然而滩流悍急，须倚仗如谦之一般有力者持篙而来，才能相助我更上一滩。"

王心斋拜师

泰州有个叫王银的人，号心斋，身着古代的冠服，拿着木简，以两首诗为见面礼，前来求见王阳明。王阳明感觉此人异于常人，走下台阶前去迎接。王银进屋后，居然毫不客气地坐上了正座。

王阳明问他：

"你戴的何冠？"

王银回答说：

"有虞氏之冠。"

王阳明又问：

"你穿的何服？"

王银回答说：

"老莱子之服。"

王阳明再问：

"你学老莱子吗？"

王银回答说：

"是的。"

王阳明又说：

"你只学穿其服，未学上堂诈跌掩面如小儿啼哭吗？"

王银不知如何作答，脸色有所变化，慢慢将座位向旁边挪了挪。之后，两人又谈论格物致知之学。王银这才恍然大悟，他说："先生之学，精深极微，得之心者也。"于是，换上平常的衣服，拜王阳明为师。王阳明为其改名为艮，字汝止。后来，王阳明曾对其他弟子说：

"吾擒朱宸濠之时，一无所动，今却为斯人而动，此真学圣人者。"据此，也可以看出王阳明对王艮人品的肯定。

舒芬拜师

进贤县的舒芬曾是翰林学士，但后来被贬谪。他自恃博学，前来向王阳明请教律吕。但是，王阳明并没有回答他，而是问他对元声怎么看。舒芬回答说：

"我对元声规则颇详，只是未置密室实验而已。"

王阳明说：

"元声岂能得之于器具之间？心得养则气自和，元气由心而出也。书云'诗言志'，志即是乐之本；又曰'歌永言'，歌即是制律之本。永言和声，俱本于歌。歌本于心，故心者，中和之极也。"

这一席话让舒芬突然开悟，立即拜王阳明为师。由此可见，王阳明是用心学的理论阐述音律的根本。

坦然面对质疑

当时，陈九川、夏良胜、万潮、欧阳德、魏良弼、李遂、舒芬等人经常待在王阳明身边，听他讲学。宛然洙泗杏坛（孔夫子的学堂）之风。但是，巡按御史唐龙和督学佥事邵锐皆坚持程朱理学，对王阳明的心学表示怀疑。唐龙还劝大家不要听王阳明的讲座。对此王阳明说：

"吾真见得良知乃人人所有，特学者未得启悟，故甘于随俗习非。今吾为一身疑谤而拒不与其言，于心不忍啊。"

因为唐龙和邵锐对王阳明的心学持怀疑态度，所以很多人对此也是唯恐避之不及，见到王阳明门下弟子，都指指点点如同看怪物一般。唯独王臣、魏良政等弟子不改初心，潜心学习。后来同道中人越来越多。

小结

　　朱宸濠谋反真乃明朝皇室之大乱，但王阳明孤身逆行，很快就平定了这场叛乱。若非他用兵如神，何能至此？朱宸濠之乱后，对王阳明的诽谤构陷四起，功劳反倒成了罪过。即便身处如此困境，王阳明依然不失正义之心，等待着天日再晴。若非他确信良心之光明，何能至此？

　　总之，王阳明文武两道之毕生功勋的建立几乎都集中在这两年。

第九篇

第三次讲学时期

本篇讲述的是从王阳明五十岁至五十六岁期间，教化门人、学术论辩等言行经历。王阳明经历了种种磨难，至此，他的胆识与思想经过磨炼达到了成熟。诸位读者如果能对这一时期王阳明的著作进行认真研读与思考的话，一定会受益良多，一定会感受到王阳明学术造诣之深远、气魄之豪迈以及行文之雄健。

提出"致良知"

正德十六年（1521年），王阳明五十岁，身居江西。正月，他居住在南昌。这一年，他开始提出阳明心学的核心思想——致良知。

王阳明获悉武宗皇帝返回皇宫后，内心的忧虑才稍缓几分。经历了朱宸濠之乱以及许泰、张忠等人的诬陷之后，王阳明更加坚信了自己的良知学说。

王阳明认为，良知即良心，要彻底认识到良心是我们做任何事情的根本出发点。

一日，王阳明发出喟然叹息之声。弟子陈九川问他：

"先生为何叹息？"

王阳明回答说：

"此良知之理简易明白，然一旦沉埋历经岁月，已是数百年。"

陈九川又问道：

"宋儒学说倾向于经验，重视感觉，故见闻日益增加，却只是徒增求学的障碍。今先生提倡良知二字，这是古今人人真面目，还有什么可疑惑的呢？"

王阳明回答说：

"然我此良知二字，实为千古圣贤相传一点滴骨血也。"

又继续说：

"某于此良知之说，从百死千难中得来，不得已与人一口说尽。只恐学者得之容易，徒作一种光景玩弄，不着实用功，负此良知也。"

当年王阳明身居南京，指导弟子时素来以"存天理，去人欲"为根本。当有人问他何谓天理时，他从未告之所谓天理的内容，而是让他们自己去寻觅。他曾对友人说："近欲发挥此，只觉有一言发不出，津津然如含诸口，莫能相度。"意思是他也想告诉别人，但是总觉得有一点解释不出来，所以无法告知别人。

过了一段时间后，王阳明又说：

"最近觉得此学更是没有其他内容了，就这些，了解之后就更没有别的了。"

他身旁的学生们都很羡慕，恳请他讲给大家听，但他却又说：

"连这些也没什么可讲的。"

经过朱宸濠之乱和许泰、张忠的诬陷后，王阳明终于提出"良知"之说，由此我们也知道了"致良知"的因由所在。

惦念陆象山的子孙

王阳明认为宋代的陆象山深得孔孟的真传，但是其学说却一直受到压制，未能彰显其价值。而且陆象山未得到文庙配享（孔庙从祀），他的子孙也未能得到褒崇与优待。对此，王阳明深感遗憾，于是他下令要求陆象山的乡人，即抚州金溪的官吏，仿照其他地方对待圣贤子孙那样，将陆氏嫡系子孙免除徭役，如果有资质俊秀的孩子，要把他们送进学堂，完成学业。

此外，王阳明还组织刻录了《象山文集》，并亲自为其作序。

聚门人于白鹿洞

不久，王阳明萌生归乡之志。他想与门下弟子长久地聚在一起，将阳明心学发扬光大。就在此时，南昌府知府吴嘉聪计划编纂《南昌府志》，而当时蔡宗兖正好主持白鹿洞学舍的工作。这两位都是王阳明的学生。王阳明就借他们的便利，在白鹿洞中开课讲学。他将门人夏良胜、舒芬、万潮和陈九川等人召集到此，一边编纂《南昌府志》，一边对门下弟子讲学。

王阳明写信催促邹守益尽快前来。他在信中说：

"我归遁就在近日。圣天子新政英明。谦之可尽快北上。"

王阳明对待讲学的热情由此可见一斑。

距此约二十年前，王阳明的好友湛甘泉曾在乡下隐居，与方叔贤等人在家中讨论学问。王阳明听说后夸赞说："英贤之生，何幸同时共处一地，又可虚度光阴，不可失此机会。"

这一年（正德十六年）秋天，霍兀崖经过南昌，和王阳明一起探讨《大学》的要义，但霍兀崖主张的还是程朱理学。于是，王阳明对他说：

"若传习书史，考证古今，欲以此扩大自己的见闻则可。若欲以此求得入圣门路，则譬之采摘枝叶，以缀成根本，如欲通其血脉，盖亦难矣。"

由此，我们可以看出王阳明对程朱理学的态度。

论心之动静

伦彦式曾与王阳明论学。他派弟弟伦以谅带着自己的书信向王阳明请教，其中问道：

"学无静根，感物易动，处事多悔，该如何看待？"

王阳明回信说：

> 大抵三言者，病亦相因。惟学而别求静根，故感物而惧其易动；感物而惧其易动，是故处事而多悔也。心，无动静者也。……静，其体也，而复求静根焉，是挠其体也；动，其用也，而惧其易动焉，是废其用也。故求静之心即动也，恶动之心非静也，是之谓动亦动，静亦动，将迎起伏，相寻于无穷矣。故循理之谓静，从欲之谓动。

此番话虽然比较深奥，但是多读几遍，认真体会玩味，想必会受益匪浅。

论忠君孝亲

正德十六年（1521年），明武宗驾崩。随后，世宗皇帝即位。

世宗皇帝即位后，立即诛杀了江彬、许泰、张忠等奸臣。世宗皇帝下诏表彰王阳明的功勋：

> 尔昔能剿平乱贼，安静地方，朝廷新政之初，特兹召用。敕至，尔可驰驿来京，毋或稽迟。

随后，王阳明启程，计划取道钱塘前往北京。此时，朝中一些人嫉妒王阳明的功勋显赫，于是暗中指示有关官员向朝廷建言说：

"朝廷新政，武宗国丧，资费浩繁，不宜行宴赏之事。"

王阳明也或多或少知晓了一些类似消息，于是在抵达钱塘后，他就上疏恳请借道回乡归省，在上疏中他情真意切地表达了对忠君孝亲的看法。这次朝廷答应了，并且还升他为南京兵部尚书、参赞机务。世宗皇帝还赐给他蟒袍玉带，这都是非同寻常的待遇。

论养生

王阳明曾与弟子陆元静讨论过养生之法。王阳明说:

> 闻以多病之故,将从事于养生,……大抵养德养身,只是一事,元静所云'真我'者,果能戒谨不睹,恐惧不闻,而专志于是,则神住、气住、精住,而仙家所谓长生久视之说,亦在其中矣。

在这里,王阳明从儒学的角度出发,认为"养德"与"养生"实际上是一回事,真正表现出了他的思想。

自王阳明回到家乡,此后一直到五十六岁,都在此讲学。

衣锦还乡

王阳明回到家乡余姚后,去给祖坟扫墓,还重游出生地瑞云楼。在瑞云楼,王阳明睹物思人,想到母亲生前还未接受自己的孝顺与赡养便已去世,而祖母岑氏去世时自己也未能见最后一面,不能送她入葬。想到了这些,王阳明悲痛不已,垂泪许久。

回到家乡的王阳明每日与亲朋好友一起宴游,随时随地宣扬良知。

自王阳明在江西地区讲学时,钱德洪就一直想投入其门下。但是家乡的故老们追忆起王阳明年轻时的豪迈不羁,以及他曾沉迷于佛老的那些事,并不认可他的学问,怀疑他并未成就学问,所以劝阻钱德洪,让他不要投入王阳明门下。然而这次王阳明回到余姚后,钱德洪独自悄悄地观察他的言行举止后,对他的学问深信不疑。于是力排众议并求得父亲的允许,带领自己的两个侄子大经、应扬以及郑寅、俞大本,通过王正心的介绍拜王阳明为师。后来,夏淳、范引年、吴仁、柴凤、孙应奎、诸阳、徐珊、管州、黄文涣、周于德、杨珂等人也都前来拜师,听王阳明讲述良知之说。

被封新建伯

同年,正德十六年(1521年),王阳明被封为新建伯:

> 江西反贼剿平,地方安定,各该官员,功绩显著。你部里既会官集议,分别等第明白。王守仁封新建伯,奉天翊卫推诚宣力守正文臣,特进光禄大夫柱国,还兼南京兵部尚书,照旧参赞机务,岁支禄米一千石,三代并妻一体追封,给与诰券,子孙世世承袭。

王阳明建立了如此伟大的功勋,得此殊荣也是实至名归。

龙山公寿辰

随后,朝廷派使臣带着奖赏前来慰劳王阳明。同时还下旨问候王阳明的父亲王华,并赐予他一些羊肉和美酒。使臣到达王家的那天,恰逢龙山公的寿辰,亲朋好友汇聚一堂。

早在朱宸濠谋反时,就有人造谣说王阳明助其逆反,但龙山公说:

"吾儿素醉心于儒学之道,必不为此。"

又有传言说,王阳明已经和孙燧、许逵一起被朱宸濠杀害了,这时龙山公说:

"吾儿得为忠臣,吾复何忧?"

后来王阳明起兵讨伐朱宸濠的消息传出后,又有传言说,朱宸濠非常痛恨王阳明,会派人刺杀龙山公。大家劝他出去躲避一下,但龙山公却笑着说:

"吾儿方举大义,吾恨年老不能荷戈同事。"

对于儿子的这些传言,龙山公一直是恬然处之。

此次父子终于相见,二人欢喜不已,犹若再获新生。王阳明身着皇帝御赐的蟒袍,腰上挂着玉带,举杯为父亲贺寿。但龙山公却面露忧愁之色,他对王阳明说:

"宸濠之变,皆以为你死矣而未死,皆以为反乱事件难平而终平息。逸构朋兴，祸机四发，前后二年，我预期你不可避免岌岌可危。所幸皇天至公，善福淫祸，天开日月，显忠遂良，父子复相见于一堂，兹非其幸欤！然盛者衰之始，福者祸之基，虽以为幸，又以为惧也。"

王阳明将杯中酒一饮而尽，跪在父亲面前，说道：

"大人之教，儿所日夜切心者也。"

满堂之人无不赞美这父子重逢的盛大场面，也都为龙山公这一番盈成之戒而感动佩服。王阳明已经立下赫赫战功，学问上又受到一众门人的欢迎，值此喜悦之时的感怀与恐惧究竟为何？请各位读者设身处地认真思考一下，人生的意味就在这其中。

寿宴后的第二天早上，王阳明对弟子们说：

"昨日蟒玉，人谓至荣，晚来解衣就寝，依旧一身穷骨头，何曾添得分毫。乃知荣辱原不在人，人目迷耳。"

于是作诗一首：

百战归来白发新，青山从此作闲人。
峰攒尚忆冲蛮阵，云起犹疑见虏尘。
岛屿微茫沧海暮，桃花烂漫武陵春。
而今始信还丹诀，却笑当年识未真。

世人成就功名后大多骄傲自满，并以此为快。而王阳明功成名就后却丝毫不为之所动，由此我们可以看出其精神修养之高远。

辞封爵以避祸

嘉靖元年（1522年），王阳明五十一岁，身处越地。

当年，王阳明平定宁王之乱时，兵部尚书王琼事事为其谋划，处处为其提供便利。王琼每次上奏时，必将战功归于王阳明名下，千方百计地维护王阳明。这引起朝中奸臣对王阳明功勋的猜忌和不满。他们想阻碍王阳明的晋升,于是开始打压跟随他征讨朱宸濠的诸位有功之臣。他们篡改记功册,删减其功劳。见此情形,王阳明向朝廷上疏,请求辞掉自己的封爵。

他在上疏中说:

> 册中所载,可见之功耳。若夫帐下之士,或诈为兵檄,以挠其进止;或伪书反间,以离其腹心;或犯难走役,而填于沟壑;或以忠抱冤,而构死狱中,有将士所不与知,部领所未尝历,幽魂所未及泄者,非册中所能尽载。今于其可见之功而又裁削之,何以励效忠赴义之士耶!

这就是王阳明上疏请辞封爵的理由。他还说:

> 殃莫大于叨天之功,罪莫大于掩人之善,恶莫深于袭下之能,辱莫重于忘己之耻:四者备而祸全。此臣之不敢受爵者,非以辞荣也,避祸焉尔已。

但是王阳明的上疏并没有被皇帝看到。不过,从此上疏可以得见王阳明的高洁情操。

龙山公去世

龙山公病情突然恶化。

当时,朝廷念及王阳明征剿朱宸濠有功,于是追封其父亲龙山公、祖父竹轩公、曾祖父槐里公皆为新建伯。一天,朝廷派来传旨的使臣到达王家,当龙山公听说使臣已到门口了,便命令王阳明及弟弟们赶紧出门迎接,并对他们说:

"虽仓促之际,不可废礼。"

直到听说已经行礼迎入家门后,这才安然瞑目逝去。

王阳明劝家人先不要哭,将世宗皇帝御赐的冕服给龙山公穿戴整齐后,这才开始举家治丧。王阳明一度哭昏过去，后来大病一场。

王阳明让弟子们协助处理父亲的后事，并根据每个弟子的特点分配给他们不同的任务。

弟子金克厚性格谨慎，所以王阳明让他负责监管厨房。金克厚对钱物的支出与收入非常严谨，如果手下有人不认真，他会立刻将此人辞退，厨房内外事务被他打理得井然有序。

全家素食百日之后，王阳明才允许弟侄辈吃一点干肉。他对大家说：

"诸子食肉习惯久矣，强迫你们做不能做的事，是恣其作伪，可稍放宽一些。"

当时吴越之地有这样一种风俗，在宴请前来吊唁的宾客时，要用糖饼和大鱼大肉招待客人，并且互相攀比，形成了奢侈之风。王阳明彻底改掉了这些陈规陋习，只有在招待年长和远道而来的客人时，才会在素食中间加两盘肉。他说：

"斋素行于我们家内，若使前来吊唁的客人同子嗣吃一样的，就不能安慰高龄者和酬谢远道而来的客人了。"

随后，王阳明的莫逆之交湛甘泉也前来吊唁龙山公，他看到在居丧期间竟然吃肉食，很不高兴，后来就写信来批评王阳明。王阳明承认做得不对，但并不做辩解。是年，金克厚与钱德洪一起参加乡试，后来又一起考中进士。金克厚对钱德洪说：

"我的学问是在王家治丧掌管厨房时取得巨大进步的，并且因此在考试中及第。先生常说学必行事而得实力，这才是真正的教诲。"

有这般老师才会教出这般弟子，由此我们能感受到王阳明及其弟子们的笃学精神。

病中辞谢求见

王阳明在病中卧床不起时，仍然有来自四面八方的同仁前来请教。

于是，王阳明在墙壁上贴出告示，写道：

某鄙劣无所知识，且在忧病奄奄中，故凡四方同志之辱临者，皆不敢相见；或不得已而相见，亦不敢有所论说。各请归而求诸孔、孟之训可矣。夫孔、孟之训，昭如日月，凡支离决裂，似是而非者，皆异说也。有志于圣人之学者，外孔、孟之训而他求，是舍日月之明，而希光于萤爝之微也，不亦缪乎？

随后，王阳明再次上疏请求辞掉爵位。上疏没有获得批准，反而是敕使奉旨前来，圣旨曰：

　　卿倡义督兵，剿除大患，尽忠报国，劳绩可嘉，特加封爵，以昭公义。宜勉承恩命，所辞不允。

王阳明被封为新建伯总算是实至名归，朝廷的这一恩典也是十分恰当的。

乞求普及恩赏

在此之前，王阳明曾上疏请辞爵位，乞求朝廷普及恩典。

原来在平定朱宸濠之乱后，当政者不仅没有对参与征讨的人进行公开的赏罚，反而暗中进行调查。有的获得奖赏，有的没获得奖赏，有的非但不行赏还要削没其功绩，还有的不仅没获得奖赏反而先得到惩罚，或者被明升暗降，或者被冠以不忠的名号随便就给革去了官职。

看到大家遭遇如此不公，王阳明感叹说：

　　同事诸臣，延颈而待且三年矣！此而不言，谁复有为之论列者？均秉忠义之气，以赴国难，而功成行赏，惟吾一人当之，人将不食其余矣。

于是，王阳明决定再次上疏辞掉爵位，并乞求对平定朱宸濠之乱的有功之臣进行公平的奖赏，他在上疏中写道：

日者宸濠之变，其横气积威，虽在千里之外，无不震骇失措，……臣以逆旅孤身，举事其间。然而未受巡抚之命，则各官非统属也；未奉讨贼之旨，其事乃义倡也。若使其时郡县各官果畏死偷生，但以未有成命，各保土地为辞，则臣亦可如何哉？然而闻臣之调，即感激奋励，挺身而来，……然则凡在与臣共事者，皆有忠义之诚者也。……人任见其赏未施而罚已及，功不录而罪有加，不能创奸警恶，而徒以阻忠义之气，快谗嫉之心，譬之投杯醪于河水，而求饮者之醉，可得乎？

但是上疏并未得到回复，这应是王阳明的一大遗憾。

淡然面对弹劾

当时，御史程启充、给事毛玉以王阳明的学说妨碍圣贤正学为由，向朝廷弹劾他。其实，他们只是被某些敌视王阳明的大臣授意行事而已。

陆澄时任刑部主事，也欲上疏为王阳明辩解。但是，王阳明听说后连忙制止，并劝他说：

"况今不过是弹劾而已。四方英杰，以讲学异同，议论纷纷，吾辈岂能逐一辩之而胜？惟当反求于己。暂且以论者之言为是，我这里可能还有让人不信服的地方，当努力寻求吾辈之非，不得以己为是，以他人为非。"

呜呼！这是何等的雅怀洪量啊！这值得我们好好借鉴与学习。

同年，钱德洪前往杭州，临行前向王阳明辞行并请教。王阳明嘱咐他说：

"胸中须常存舜、禹之有天下而不与之气象。"

钱德洪请王阳明明示。王阳明解释说：

"舜、禹为天下之王，拥有天下，却没有迷失自我，还会有什么沉沦之说呢？"

此乃王阳明从亲身经历中得来的感言。

阳明弟子被排斥

嘉靖二年（1523年），王阳明五十二岁，身居越地。在一次考试中，主考官故意以心学为考题，并且暗自引导考生们批判阳明心学。王阳明的弟子徐珊看到试题后感叹说：

"吾何能昧吾良知以讨好于他们！"

然后，他未写一字便离开了考场。

而同时参加考试的同窗欧阳德、王臣和魏良弼等人，面对同样的试题，却以王阳明的心学为基础进行答题，毫无避讳，结果也都通过了考试。

有人认为这是进退皆有命，其实进退并不是命中注定，而是因为王阳明的心学让他们无从排斥。

诽谤再起，却毫不介意

钱德洪落第归来后，对时事深恶痛绝。王阳明见到他反而很高兴，对他说：

"圣学从此大明矣！"

钱德洪不解，问道：

"时事如此，何以见得大明？"

王阳明回答说：

"吾之学何以逐一得天下之士语？若吾学既非，天下必有起而求其他真理者。"

这是多么大无畏的精神啊！

一日，门生邹守益、薛侃、黄宗明、马明衡、王艮等侍坐在王阳明身边，他们对王阳明说起现在外面对他的诽谤日益激烈。王阳明说：

"且听诸君说说是为何故。"

有的人说因为王阳明发展的势头太好，招致他人的嫉妒，所以才会诽谤他；有的人说因为心学日益呈现出与宋儒学说的不同，引起学术上的争论，所以才引来诽谤；有的人说现在跟随王阳明学习的人数众多，王阳明只管要求他们向善，而不检验其过往的操行,所以有人因为个人私怨去诽谤他。

听完大家的意见后,王阳明说:

"三者所言,诚皆有之,但吾自知,而诸君未论及。"

弟子们让他详述。王阳明接着说:

"吾以前尚有与世俗同和之意,而今只信良知的真是真非,做志望超俗的狂者(志向高远者)。不惮于天下尽批评吾之行为,吾亦只是依良知而行矣。"

弟子们又向他请教乡愿与狂者的不同。王阳明解释说:

"乡愿往往会以忠信廉洁来博取君子的信任,又以同流合污不得罪小人,所以你指责他都找不到地方。然而你去探究他的内心就知道,他的忠信廉洁是为了讨好君子,同流合污是为了取悦小人,他的心底已经没有了善良,所以不可能走上尧、舜之道,这是乡愿被指责的原因。狂者之志远而为圣人,一切纷扰俗染都不足以累其心。真有凤凰翔于千仞之意,一旦克制私念即成为圣人。"

世间有那么多诽谤王阳明的人,反而使得他由乡愿变成了狂者。但是他的弟子们还未领悟到这一点,只有王阳明自己内心清楚地知道,所以要如此详细地向他们介绍乡愿与狂者的区别。

心怀乡愿之志时,因为努力地去迎合世人,所以没有被诽谤的理由;成为狂者之后,专注于宣扬自己的思想,无所忌惮,与世人的冲突便会增加,随之而来的批评也倍加频繁。

王阳明以狂者自居,说明他已经毫不介意世间的毁誉,这也说明他的人品又进步了一层。凡是立足于这个社会而生活的人,必然会多多少少有一些敌人,但也并不是说敌人越多就证明那个人越伟大。颜回曾经说过:

"不容何病?不容然后见君子!"

无论古今圣贤,谁都有敌人。但最重要的是要让自己的操守保持公正。

论讲学

王阳明在给黄宗贤的信中写道:

> 近与尚谦、子华、宗明讲《孟子》……颇觉有所警发，相见时须更一论。四方朋友来去无定，中间不无切磋砥砺之益，但真有力量能担荷得者，亦自少见。大抵近世学者无有必为圣人之志，胸中有物，未得清脱耳。闻引接同志，孜孜不息，甚善！但论议须谦虚简明为佳。若自处过任，而词意重复，却恐无益而有损。

这段话应该为那些讲学者指明了方向。

论轻傲

薛尚谦离去时，王阳明特意赠诗一首，如下：

> 珍重江船冒暑行，一宵心话更分明。
> 须从根本求生死，莫向支流辩浊清。
> 久奈世儒横臆说，竞搜物理外人情。
> 良知底用安排得，此物由来自浑成。

之后，薛尚谦又来信向他请教学问。王阳明在回信中说：
"但知轻傲处便是良知，致此良知，除却轻傲，便是格物。"
从这封信中，我们可以看到王阳明对于良知的深刻理解。

后来，林见素辞官返乡途中，特意渡过钱塘江来看望王阳明。王阳明前往萧山迎接。两人夜宿于浮峰寺，见面后不免感慨时事之非。王阳明特意嘱咐从行诸友，一定要注意勤勉学习。

为南大吉解惑

嘉靖三年（1524年），王阳明五十三岁，身居越地。当时，其门下弟子与日俱增。

当地的郡守南大吉自称是王阳明的弟子。此人性格豪放，不拘小节。有一次在和王阳明论学时，他感到有所领悟，于是问王阳明："大吉临政多过失，先生何无一言训诫？"

王阳明问："何过之有？"

于是，南大吉历数自己曾经的过错。王阳明听完后说："吾言之矣。"

南大吉不明白，问："先生言何？"

王阳明说："吾若不言，汝何以知之？"

南大吉恍然大悟，感叹说："良知知之。"

于是王阳明说："良知不是我常说的吗？"

南大吉笑着辞谢而去。过了几天，南大吉又来了，列举了自己更多的过错，说完，他问王阳明："与其过后悔改，何若预言不犯为佳也。"

王阳明回答说："人言不如自悔之真。"

南大吉又笑着辞谢而去。过了几天，南大吉又来了，这次说的过错比上次还多，说完后他又问："身过可勉，心过奈何？"

王阳明回答他说："昔镜未开，可得藏垢。今镜明矣，一尘之落，自难住脚。此正入圣之机也，勉之！"

可以看出，此时王阳明的思想日益精深微妙。

三百余人共听讲

南大吉开办了稽山书院，周边几个地区的才俊汇集于此，王阳明亲自讲学并监督大家的学业。杨汝荣、杨绍芳等来自湖广；杨仕鸣、薛宗铠、黄梦星等来自广东；王艮、孟源、周冲等来自直隶；何秦、黄弘纲等来自南赣。由于前来听讲的人太多，用来讲习的地方太小，根本就容不下。

一日，讲到"君子喻于义，小人喻于利"时，众人无不汗颜。当地儒生王畿和魏良器相交甚好，他们一直认为王阳明的学说会妨害学业，还劝别人不要去听王阳明讲学。但是，当他们听了王阳明的讲学后，为自己过去的言论后悔不已，当天就拜王阳明为师。

王畿后来成为王阳明的得意门生,对其辅佐颇多。

当时,听讲者众多。但王阳明还做到了因材施教,所以众人都愿意跟随王阳明学习,感觉十分惬意,心悦诚服。

六十八岁诗人拜师

海宁的董沄,以善作诗歌闻名于世。六十八岁那年,他来会稽游玩,听闻王阳明在此讲学,于是就挑着斗笠和诗卷前来拜访。王阳明将其迎进门,董沄作了长揖后就坐在了上座。王阳明看到他气质容貌不凡,以礼相待。两人相谈几个昼夜,董沄最终得悟,并在何秦的介绍下拜王阳明为师,成为他的弟子。

董沄与王阳明徜徉于山水之间,每日听其讲学,欣然快乐,甚至把回家的事儿都给忘了。董沄家乡的子弟和诗社的朋友前来接他回家,劝他说:

"你已经老了,何必如此自讨苦吃?"

董沄回答说:"我方才侥幸逃脱苦海,你们不要把自己的苦当作我的苦。我方要振羽于云霄,怎能又自投罗网而入樊笼呢?你们走吧,我将遵从我内心的喜好。"

随后,董沄自号"从吾道人"。后来,王阳明还为其写了一篇《从吾道人记》。

设宴天泉桥

嘉靖三年(1524年),一个宁静之夜,月白如画,王阳明命侍者于碧霞池天泉桥上设席,在此宴请一百多位门人弟子。酒酣之时,歌声渐起。又过了一会儿,有的弟子开始玩投壶的游戏,有的弟子开始击鼓,有的弟子开始泛舟碧霞池上。王阳明见弟子们兴致如此之高,于是也退而作诗两首:

月夜二首·与诸生歌于天泉桥

其一

万里中秋月正晴,四山云霭忽然生。
须臾浊雾随风散,依旧青天此月明。
肯信良知原不昧,从他外物岂能撄!
老夫今夜狂歌发,化作钧天满太清。

其二

处处中秋此月明,不知何处亦群英?
须怜绝学经千载,莫负男儿过一生。
影响尚疑朱仲晦,支离羞作郑康成。
铿然舍瑟春风里,点也虽狂得我情。

第二天,诸生前来致谢。王阳明对众人说:

昔者孔子在陈,思鲁之狂士。世之学者,没溺于富贵声利之场,如拘如囚,而莫之省脱。及闻孔子之教,始知一切俗缘皆非性体,乃豁然脱落。

可见,王阳明当时讲学的情形是盛况空前!

敬畏与洒落

舒柏向王阳明请教敬畏之心是否会影响到洒脱之意。王阳明回答道:

君子之所谓敬畏者，非恐惧忧患之谓也，戒慎不睹，恐惧不闻之谓耳。君子之所谓洒落者，非旷荡放逸之谓也，乃其心体不累于欲，无入而不自得之谓耳。夫心之本体，即天理也。天理之昭明灵觉，所谓良知也。……从心所欲而不逾，斯乃所谓真洒落矣。是洒落生于天理之常存，天理常存生于戒慎恐惧之无间。孰谓敬畏之心反为洒落累耶？

真是奥妙精微的解释，值得认真体味。

论入山静养

刘侯向王阳明请教入山静养的利弊。王阳明回答说：

　　君子养心之学如良医治病，随其虚实寒热而斟酌补泄之，是在去病而已，初无一定之方，必使人人服之也。若专欲入坐穷山，绝世故，屏思虑，则恐既已养成空寂之性，虽欲勿流于空寂，不可得矣。

王阳明认为在实践中磨炼才是真正的养心之法。

论圣学无碍科举

钱德洪带着两个弟弟钱德周、钱仲实在城南读书。他们的父亲前往探望，但没有见到三人，原来他们和魏良政、魏良器等人一起去游览禹穴地区的名胜了，玩了十天才回来。父亲问他们："你们一起出去游玩这么久，不会妨碍学业吗？"
钱德洪等回答说："我们备考科举时无时无刻不在学习。"
父亲又问："固知心学可以触类旁通，然而朱子理学亦须理会否？"
钱德洪等回答说："以吾之良知求理学之说，又何必担忧学不好？"
父亲心中还是有疑虑，于是就去问王阳明。王阳明回答说：
"非但无妨，乃大有益处！学圣贤者，如同治家，其宅第、服食、器物皆如自备所置,欲请客,出其所有以享之。客去,其物具在,还以自享,终身用之无穷也。今之为科举应试者,如同治家不务居积,专以借贷为功,欲请客,从客室以至供具百物,莫不遍借,客幸而来,则诸借之物一时丰裕可观。客去,则尽以还人,一物非所有也。若请客不至,则时过气衰。终身奔劳,是求无益于得,求在外也。"

随后,更多的学者来到稽山书院听讲求学,而钱德洪等凭借自己的真才实学,在乡试中高中。他的父亲听闻此消息后,方才相信他们的实力。

当时,朝廷中掀起了大礼议之争,王阳明一天晚上坐在碧霞池畔,赋诗两首:

其一

一雨秋凉入夜新,池边孤月倍精神。
潜鱼水底传心诀,栖鸟枝头说道真。
莫谓天机非嗜欲,须知万物是吾身。
无端礼乐纷纷议,谁与青天扫宿尘?

其二

独坐秋庭月色新,乾坤何处更闲人?
高歌度与清风去,幽意自随流水春。
千圣本无心外诀,六经须拂镜中尘。
却怜扰扰周公梦,未及惺惺陋巷贫。

两首诗是王阳明有感而发,多少也隐藏着自己对这次争论的看法。

王阳明对父亲的守丧期满后,一些大臣上疏引荐王阳明。席元山、黄宗贤、黄宗明也先后向王阳明请教他对这次大礼议之争的看法,王阳明皆不作答,这种做法别有深意。

续刻《传习录》

《传习录》最初是由薛侃整理刻印出版,共三卷。嘉靖三年(1524年),南大吉又增加了王阳明的一些言论,整理成五卷刻印出版。

嘉靖四年(1525年),王阳明五十四岁,身处越地。是年正月,夫人诸氏去世。

《稽山书院尊经阁记》

王阳明作了一篇《稽山书院尊经阁记》,其中写道:

> 盖昔者圣人之扶人极,忧后世,而述六经也,犹之富家者之父祖虑其产业库藏之积,其子孙者或至于遗亡散失,卒困穷而无以自全也,而记籍其家之所有以贻之,使之世守其产业库藏之积而享用焉,以免于困穷之患。故六经者,吾心之记籍也,而六经之实则具于吾心,犹之产业库藏之实积,种种色色,具存于其家。其记籍者,特名状数目而已。而世之学者,不知求六经之实于吾心,而徒考索于影响之间,牵制于文义之末,硁硁然以为是六经矣。是犹富家之子孙,不务守规享用其产业库藏之实积,日遗亡散失,至于窭人丐夫,而犹嚣嚣然指其记籍曰:"斯吾产业库藏之积也。"何以异于是?

据此也可以窥见王阳明对六经的态度。

同年,南大吉在自己的理政之堂挂上"亲民堂"的匾额;山阴知县吴瀛重新修葺了县学;提学佥事万潮、监察御史潘仿一同拓新了万松书院,还对未考中的学生开放。大家都请求王阳明撰写记文,王阳明也一一为其作记。

后来,礼部尚书席书以王阳明已除去丧服为由,依照惯例向朝廷推荐,恢复其官职。御史石金等也相继上疏推荐,不过王阳明未获得起用。在礼部尚书席书的上疏中,写道:

生在臣前者见一人，曰杨一清；生在臣后者见一人，曰王守仁。且使亲领诰卷，趋阙谢恩。

杨一清因此得以进入内阁。一些大臣计划在第二年让皇帝下诏书让王阳明来北京亲领诰卷，感谢皇恩，但由于后来出现了一些问题，此计划未能实施。

不久，王阳明回到余姚给祖先扫墓去了。

壁书勉励诸生

王阳明回到家乡以后，将讲学地点设于龙泉寺的中天阁，并定于每月的初一、初八、十五和二十三在此聚会探讨学问。王阳明还特意写了一篇文章，以此来勉励诸生：

虽有天下易生之物，一日暴之，十日寒之，未有能生者也。承诸君子不鄙，每予来归，咸集于此，以问学为事，甚盛意也。然不能旬日之留，而旬日之间又不过三四会。一别之后，辄复离群索居，不相见者动经年岁，然则岂惟十日之寒而已乎？若是而求萌蘖之畅茂条达，不可得矣。故予切望诸君勿以予之去留为聚散，或五六日、八九日，虽有俗事相妨，亦须破冗一会于此。务在诱掖奖劝，砥砺切磋，使道德仁义之习日亲日近，则势利纷华之染亦日远日疏，所谓相观而善，百工居肆以成其事者也。相会之时，尤须虚心逊志，相亲相敬。大抵朋友之交，以相下为益，或议论未合，要在从容涵育，相感以成，不得动气求胜，长傲遂非，务在默而成之，不言而信。其或矜己之长，攻人之短，粗心浮气，矫以沽名，讦以为直，挟胜心而行愤嫉，以坏族败群为志，则虽日讲时习于此，亦无益矣。

此文今日读来，仍感觉获益匪浅。

《拔本塞源论》

王阳明还写过一篇《拔本塞源论》，这是他的著名杰作，展现了他至大至广的观念和思想境界。

想真正了解王阳明思想真谛的读者，还是要多读一读这样的文章。

嘉靖四年（1525年），王阳明的弟子在越城创立阳明书院。书院位于越城西郭门内，在光相桥的东边。十二年后，嘉靖十六年（1537年），巡按御史周汝员在阳明书院前修建祠堂，并亲自题写了匾额：阳明先生祠。

以良知论礼

嘉靖五年（1526年），王阳明五十五岁，身居越地。他给邹守益写信。

邹守益在被贬谪到广德州后，创建了一所复古书院并招收学生进行授课。此外，他还刻印了《谕俗礼要》等，用以改善当地的风俗习惯。邹守益来信汇报了这些事情，王阳明回信称赞他说：

> 古之礼存于世者，老师宿儒当年不能穷其说，世之人苦其烦且难，遂皆废置而不行。故今之为人上而欲导民于礼者，非详且备之为难，惟简切明白而使人易行之为贵耳。……盖天下古今之人，其情一而已矣。先王制礼，皆因人情而为之节文，是以行之万世而皆准。

从上文中我们发现，在王阳明看来，道德其实包括变化与恒常两部分。

南大吉致良知

嘉靖五年（1526年），南大吉入京觐见皇上，结果却遭到了贬谪。不过，在南大吉写给王阳明的信中，并没有诉说自己的得失荣辱，而是以探讨学问为主，以闻道为喜，求教怎样做好学问，担忧自己不能成为圣人。

王阳明读完之后，赞叹道：

"此乃真'朝闻道，夕死可矣'之志者，达到这个境界不易啊！"

于是，王阳明给他回信：

> 世之高抗通脱之士，捐富贵，轻利害，弃爵禄，决然长往而不顾者，亦皆有之。彼其或从好于外道诡异之说，投情于诗酒山木技艺之乐，又或奋发于意气，牵溺于嗜好，有待于物以相胜，是以去彼取此而后能。及其所之既倦，意衡心郁，情随事移，则忧愁悲苦，随之而作，果能捐富贵，轻利害，弃爵禄，快然终身，无入而不自得已乎？……关中自古多豪杰。横渠之后，此学不讲，或亦于四方无异矣。自此有所振发兴起，变气节为圣贤之学，将必自吾元善昆季始也。今日之归，谓天为无意乎？

南大吉之所以有如此境界，很大程度上是受益于王阳明的影响。

讲学与政务

欧阳德最初见到王阳明时，是一众弟子中年龄最小的，但颇有才气。王阳明称他为"小秀才"，并让他服侍于左右。欧阳德欣然受命，且从不懈怠，深得王阳明器重。嘉靖二年（1523年），欧阳德考中进士，奉旨来到了六安州。数月后，他给王阳明寄来一封信，其中写道：自己初到任，政务繁忙，等稍后适应了，再与诸生一起讲学。王阳明在回信中劝他说：

"吾所讲学，正在政务繁忙中，岂必聚徒而后为讲学耶？"

从这句话中可以看出王阳明活学实用的主张。

良知与见闻

王阳明在给欧阳德的书信中还写道:

良知不因见闻而有,而见闻莫非良知之用。故良知不滞于见闻,而亦不离于见闻。孔子云:"吾有知乎哉?无知也。"良知之外,则无知矣。故致良知是圣门教人第一义。

钱德洪与王畿曾一起参加考试,但是两人均未考中。后来,他们两个和黄弘纲、张元冲一起乘船返回越地。

每当有新人想投入王阳明门下时,他都会让钱德洪来引导他们,待他们志向确定之后,自己再与他们沟通交流。每当这个时候,钱德洪都会默默陪坐在一旁,焚香不语,是一个非常沉着稳重的人。

天地万物一体与良知

嘉靖五年(1526年),聂豹以御史身份前往福建,途中特意来看望王阳明。后来,聂豹寄来一封信,其中写道:

思、孟、周、程无意相遭于千载之下,与其尽信于天下,不若真信于一人。道固自在,学亦自在。

王阳明回信答复,有段话是这样说的:

夫人者,天地之心;天地万物,本吾一体者也。生民之困苦荼毒,孰非疾痛之切于吾身者乎?不知吾身之疾痛,无是非之心者也。是非之心,不虑而知,不学而能,所谓良知也。良知之在人心,无间于圣愚,天下古今之所同也。世之君子惟务致其良知，则自能公是非，同好恶，视人犹己，视国犹家，而以天地万物为一体，求天下无治，不可得矣。

去世后的拜师

聂豹初次见到王阳明的时候，还没有拜王阳明为师。几年之后，当他来到苏州时，王阳明已经去世若干年了。聂豹见到钱德洪等人后，说道：

"吾学诚得之于王阳明，尚希望再见之时拜师行礼，却来不及了，兹以二君为证。"于是准备好香案，拜王阳明为师，终于成为阳明门下弟子。这虽然是王阳明去世之后的事情，但上文写到聂豹与王阳明初见之事，本文也就顺便记录下此事。

嘉靖五年（1526年），王阳明的继室张氏给他生了一个儿子，这是王阳明唯一一个亲生儿子。同乡先达静斋已经九十多岁了，知道这件事后，特意作了两首诗来祝贺。王阳明随之和诗答谢。王阳明给儿子取名为正聪。正聪七岁时，外舅黄绾为了避讳，将其改名为正亿。

惜阴会

王阳明的一个学生刘邦采与一部分阳明心学爱好者成立惜阴会，并邀请王阳明写文章纪念。于是，王阳明应约作了一篇《惜阴说》，其中写道：

呜呼！天道之运，无一息之或停；吾心良知之运，亦无一息之或停。良知即天道,谓之"亦"则犹二之矣。知良知之运无一息之或停者,则知惜阴矣；知惜阴者，则知致其良知矣。

王阳明在此阐述了珍惜光阴的重要性。

致良知

嘉靖六年（1527年），王阳明路过吉安时，顺便给安福的诸位同仁写了一封信，其中写道：

> 明道有云："宁学圣人而不至，不以一善而成名。"此为有志圣人而未能真得圣人之学者，则可如此说。……惟恐吾侪尚有一善成名之意，未肯专心致志于此耳。

有志之士往往注重知识的探求，而在实践躬行方面难免有做不到的地方，我们应该警惕类似情况的发生。

是年正月，王阳明给黄绾写了一封信，劝他要注意致良知的修习方法，其中写道：

> 人在仕途，比之退处山林时，其工夫之难十倍。非得良友时时警发砥砺，则其平日之所志向，鲜有不潜移默夺，弛然日就于颓靡者。……今人多以言语不能屈服得人为耻，意气不能陵轧得人为耻，愤怒嗜欲不能直意任情得为耻，殊不知此数病者，皆是蔽塞自己良知之事，正君子之所宜深耻者。……须是克去己私，真能以天地万物为一体，实康济得天下，挽回三代之治，方是不负如此圣明之君，方能报得如此知遇，不枉了因此一大事来出世一遭也。

文章用词之恳切，令人读来回味无穷。

关于刻印出书的问答

嘉靖六年（1527年），邹守益收集了一部分王阳明的文章，请求王阳明允许他刻印出版。王阳明同意了，并且还亲自标注了每篇文章的日期，他让钱德洪进行分类整理，还嘱咐道：

"所录文章以年月为顺序，不再按体裁分别。盖专以讲学明道为本，无须注意文辞体裁。"

后来，钱德洪又收集了若干邹守益未收录的文章，建议王阳明也一并刻印。王阳明说：

此便非孔子删述六经手段。三代之教不明，盖因后世学者繁文盛而实意衰，故所学忘其本耳。比如孔子删《诗》，若以其辞，岂止三百篇？

钱德洪回应道：

先生文字，虽一时应酬不同，亦莫不本于性情。况学者传诵日久，恐后为好事者挽拾，反矢今日裁定之意矣。

于是，王阳明同意刻印了。钱德洪将这些原先未收录的文章与邹守益整理的文章合在一起刻印。今日我们所看到的《传习录》中有一篇钱德洪所写的小序，读罢便可以了解当初编辑者的本意了。

小结

在平定了朱宸濠之乱后，又经历了奸臣的毁谤，历经百死千难，终于发现良知。到此为止，王阳明的"心即理""知行合一"和"致良知"等阳明心学的整体理论基本形成。

王阳明坚持自己的主张，与门人弟子反复讨论，讲学中的事迹流传至今。王阳明恳切地对门人弟子的问题作答，恰似《论语》中孔门师徒间的问答。王阳明的学生们也都努力成为文武双全、德才兼备的伟大人物。

第十篇

第三次靖乱时期

本篇所讲述的内容是自王阳明五十六岁那年到他去世的这段时间,在带兵出征和聚众讲学方面的经历,这段时期可以称为王阳明的晚年时期。这一时期的王阳明在文武两方面都取得了成功,他在讲学的同时不忘政治,在靖乱之际不忘讲学布道。尤其是在第三次出征靖乱中,王阳明几乎没有诉诸武力,而是通过文德感化平定了内乱。这段时期,王阳明在文教方面倾注颇多。

奉命再次出征

嘉靖六年(1527年),王阳明受命兼任都察院左都御史,奉命出征剿灭思恩和田州的叛乱。虽然王阳明上疏请辞,但没有获得允许。

之前,最初是广西田州的岑猛作乱。提督都御史姚镆前往征讨,在捉拿岑猛父子后,朝廷进行了论功行赏。后来又有卢苏、王受聚众作乱,攻陷思恩。姚镆又集合兵力对其进行征剿,但是未能平定叛乱,于是遭到了巡按御史石金的弹劾。

就在这时,在侍郎张璁等人的推荐下,朝廷重新起用王阳明,任命他为总督,负责两广及江西等地军务,允许他因势应变,因地制宜地进行镇抚,并且可以依据军情的发展需要,起用当地人为官或者建议由朝廷派遣。此外,朝廷还让他调查之前奖赏过的那些官吏的功过。并且,朝廷责令他要有责任心,不要再像以前那样请辞了。

接到命令后,王阳明再次上疏,他写道:

> 臣又复思,思、田之役,起于土官仇杀,比之寇贼之攻劫郡县,荼毒生灵者,势尚差缓。若处置得宜,事亦可集。……臣以为今日之事,宜专责镆等。

上疏报上去以后,世宗皇帝下旨罢免了姚镆,命其致仕返乡。并派特使敦促王阳明早日踏上征途。

王阳明在赴任之前,写了一篇《客座私祝》:

> 但愿温恭直谅之友来此讲学论道,示以孝友谦和之行。德业相劝,过失相规,以教训我子弟,使毋陷于非僻。不愿狂憸惰慢之徒来此博弈饮酒,长傲饰非,导以骄奢淫荡之事,诱以贪财黩货之谋,冥顽无耻,扇惑鼓动,以益我子弟之不肖。呜呼!由前之说,是谓良士;由后之说,是为凶人。我子弟苟远良士而近凶人,是谓逆子,戒之戒之!嘉靖丁亥八月,将有两广之行,书此以戒我子弟,并以告夫士友之辱临于斯者,请一览教之。

随后,王阳明出发前往思恩和田州。当时,钱德洪等人在一起讨论心学要旨,他们在"无善无恶心之体,有善有恶意之动,知善知恶是良知,为善去恶是格物",即"四句教"上产生了争论。于是,在王阳明即将踏上征途的前夜,钱德洪等人前来向他请教,王阳明也向他们进行了一番解释。

随后,王阳明踏上征途。他渡过钱塘江,在经过钓台时,作诗《复过钓台》:

> 忆昔过钓台,驱驰正军旅。
> 十年今始来,复以兵戈起。
> 空山烟雾深,往迹如梦里。

微雨林径滑，肺病双足胝。
仰瞻台上云，俯濯台下水。
人生何碌碌，高尚当如此。
疮痍念同胞，至人匪为己。
过门不遑入，忧劳岂得已。
滔滔良自伤，果哉末难已。

当时与王阳明随行的有钱德洪等人。

到达西安县（今衢州）时，很多人站在雨中等待王阳明的到来。此情此景让王阳明感动万分。于是他作诗一首以感谢诸生：

几度西安道，江声暮雨时。
机关鸥鸟破，踪迹水云疑。
仗钺非吾事，传经愧尔师。
天真泉石秀，新有鹿门期。

当时，钱德洪等人正计划建一座书院。在经过一片风景秀丽之地时，王阳明对当地的景色连连称奇。感觉是一个建书院的好地方，于是作了一首诗：

不踏天真路，依稀二十年。
石门深竹径，苍峡泻云泉。
泮壁环胥海，龟畴见宋田。
文明原有象，卜筑岂无缘。

在经过常山时，王阳明也赋诗一首，其中有两句是这样说的：

乾坤由我在，安用他求为？

> 千圣皆过影，良知乃吾师。

劝徐樾莫入禅定

王阳明抵达南昌，然后乘船向广信进发。沿途诸生都来求见。不过王阳明均以军务在身，没有空余时间为由，一一谢绝。唯独徐樾从贵溪一路追来，王阳明被他的诚意所感动，允许他登船相见。此前，徐樾一直在白鹿洞练习静坐。王阳明知道他的情况后，劝他切勿片面追求静虚。

盛况空前的欢迎

当王阳明抵达南浦时，当地的军民倾城出动欢迎他。人们挤满了街道，水泄不通，父老乡亲前后左右簇拥着王阳明的轿子进了官府。王阳明接受军民的拜谒，让大家从东门入西门出，但有些人进去了就不出来，或者出去之后再排队进来拜一次。从辰时到未时，一直持续了很长时间，人才逐渐散去。然后这才开始举行常规的上任仪式。第二天，王阳明拜谒孔庙，在明伦堂讲《大学》。前来听讲的人群聚一堂，几无立锥之地。

当时有个名叫唐尧臣的人，他借给王阳明献茶的机会来到讲堂内听讲。起初，唐尧臣对阳明心学持质疑态度，但当他听闻王阳明来到南浦，看到父老乡亲争相迎接的盛况，内心就开始动摇了。后来等他看到了王阳明的气质与样貌，惊叹道："近代安得如此豪迈高洁之气象！"

再待到在现场听了王阳明的讲学后，唐尧臣恍然大悟，变得对阳明心学毫无质疑，笃信无比。有人取笑他，问道：

"汝之怀疑者亦来投降乎？"

唐尧臣回答说：

"须得如此名将，方能降我，汝辈安能降我？"

由此可见阳明心学感化力之大。

与三百同仁论良知

在王阳明抵达吉安时,螺川诸生三百多人前来迎接,将他迎入螺川驿。王阳明站在那里向大家讲学,毫无倦意。他对大家说:

良知之妙,真是周流六虚,变通不居。若假以文过饰非,为害大矣。

在临别之际,王阳明嘱咐大家说:

工夫只是简易真切,愈真切,愈简易;愈简易,愈真切。

简易真切是阳明心学最突出的特点。

激励同仁

随后,王阳明抵达肇庆。他给钱德洪等人写了一封信,其中写道:

家事赖廷豹纠正,而德洪、汝中又相与薰陶切劘于其间,吾可以无内顾矣。绍兴书院中同志,不审近来意向如何?德洪、汝中既任其责,当能振作接引,有所兴起。会讲之约但得不废,其间纵有一二懈弛,亦可因此夹持,不致遂有倾倒。

王阳明在外地征战途中依然没有忘记鞭策自己的学生。

上疏经略建议

王阳明抵达梧州,开始处理军政事务。

王阳明上疏写道:

> 臣又闻诸两广士民之言,皆谓流官久设,亦徒有虚名而受实祸。诘其所以,皆云未设流官之前,土人岁出土兵三千,以听官府之调遣;既设流官之后,官府岁发民兵数千,以防土人之反覆。即此一事,利害可知。且思恩自设流官十八九年之间,反者数起,征剿日无休息。浚良民之膏血,而涂诸无用之地,此流官之无益,亦断可识矣。论者以为既设流官而复去之,则有更改之嫌,恐招物议,是以宁使一方之民久罹涂炭,而不敢明为朝廷一言,宁负朝廷,而不敢犯众议。甚哉!人臣之不忠也!
>
> 苟利于国而庇于民,死且为之,而何物议之足计乎!臣始至,虽未能周知备历,然形势亦可概见矣。田州切近交趾,其间深山绝谷,瑶、僮盘踞,动以千百。必须存土官,藉其兵力,以为中土屏蔽。若尽杀其人,改土为流,则边鄙之患,我自当之;自撤藩篱,后必有悔。

朝廷诸官员经商议后同意采纳王阳明的建议。皇上根据朝中大臣们的商议结果,下旨说:

> 守仁才略素优,所议必自有见。……事有宜亟行者,听其便宜,勿怀顾忌,以贻后患。

王阳明的经略方针得到了朝中大臣们的认可。

怀文德之化

最初朝廷任命王阳明为都察院左都御史，命他征讨反贼的时候，王阳明是上疏请辞的。他在上疏中说自己身体不适，难当大任，如果朝廷还想勉强起用自己的话，能任命一个闲职就感恩不尽了，但是朝廷并未应允。

王阳明在给黄绾的言中写道：

> 往年江西赴义将士，功久未上，人无所动，再出，何面目见之？……诸公任事之勇，不思何以善后？

除此之外，王阳明还写道：

> 思、田之事，本无紧要，只为从前张皇太过，后难收拾，所谓生事事生是已。今必得如奏中所请，庶图久安，否则，反覆未可知也。

黄绾是王阳明的弟子，所以王阳明才敢如此吐露自己的心声。此外，王阳明在给方献夫的信中写道：

> 圣主聪明不世出，今日所急，惟在培养君德，端其志向，于此有立，是谓一正君而国定。然非真有体国之诚，其心断断休休者，亦徒事其名而已。
>
> 诸公皆有荐贤之疏，此诚君子立朝盛节，但与名其间，却有所未喻者。此天下治乱盛衰所系，君子小人进退存亡之机，不可以不慎也。譬诸养蚕，但杂一烂蚕其中，则一筐好蚕尽为所坏矣。凡荐贤于朝，与自己用人不同：自己用人，权度在我；若荐贤于朝，则评品宜定。

因为方献夫也是王阳明的学生，所以王阳明才愿意跟他说这番话。

不久，朝廷命王阳明暂时兼任两广巡抚。王阳明再次上疏请辞，但依然未获允许。

嘉靖七年（1528年），王阳明五十七岁，身居梧州。

王阳明平定了思恩和田州的叛乱后，上疏朝廷汇报此事。

上疏报到朝廷以后，世宗皇帝派人前来奖赏王阳明，赏赐给他大量财物。此外，其他有功之臣等也按照功劳大小分别给予了不同奖赏。

建学校

当时，王阳明觉得，田州刚刚平定，要改善当地的风俗本应该建学校，但是当地历经战乱，满目疮痍，百姓四处奔波，还未安居乐业，此时即便建起学校，也是徒劳。但是移风易俗的任务却刻不容缓。于是，王阳明命令弟子们要承担起教育学生的责任，无论何处的学生，只要愿意继续学习，就要接纳他们。让他们懂得孝悌之道，向他们倡导乡约，随个人情况引导，逐渐让他们在学习上有个头绪。待将来学校建成以后，再让他们进入学堂继续学习。

随后，王阳明出台政策安抚新民，并在南宁建立府学。

王阳明曾说：

> 理学不明，人心陷溺，是以士习日偷，风教不振。

王阳明经常为学生们朝夕讲学，因此很多人渐渐有了奋发之志。此外，因为担心自己不能亲自到一些偏僻的地方去讲学，王阳明特意委任弟子前去主持教学。

征讨余贼

王阳明得知消息，有叛贼袭击并攻破八寨及断藤峡。这些叛贼占据天险，拥兵数万。他们所占据的地方南通交趾，西接云南、贵州等地，与东北方古田等地的反贼保持联络，其势力绵延两千余里。一直以来，这些叛贼流窜出没，打家劫舍，为害地方已久。

之前，因为有思田之乱，王阳明无暇顾及他们。现在，既然思田之乱已平，王阳明就开始计划剿灭八寨和断藤峡等地的反贼，并做了相关部署。

王阳明命令布政使林富和副总兵张祐率右江等地的士兵进剿八寨叛贼，参议汪必东、副使翁素、佥事汪溱率左江等地的土兵进剿断藤峡叛贼，命令各地官兵要做好坚守的准备，还命令行总镇太监张赐去各地巡视，加强监督。随后，官军大破八寨和断藤峡的反贼，斩杀三千余人。王阳明见诸贼的巢穴都已扫荡殆尽，于是决定班师回府，向朝廷上疏告捷。

王阳明上疏报告了进攻八寨和断藤峡的原因和经过。

他在其中写道：

断藤峡诸贼，菁角屯聚，自国初以来，屡征不服。至天顺（英宗在位时）间，都御史韩雍统兵二十万，然后破其巢穴。撤兵无何，贼复攻陷浔州，据城大乱。后复合兵，量从剿抚。自后窃发无时，凶恶成性，不可改化。至于八寨诸贼，尤为凶猛，利镖毒弩，莫当其锋。且其寨壁天险，进兵无路。自国初都督韩观，尝以数万之众围困其地，亦不能破，竟从招抚而罢。……两地进兵，各不满八一之众，而三月报捷，共已逾三千之功。两广父老皆以为数十年来未有此举也。

由此可见，王阳明此次征讨非常迅速地获得大捷。

随后，嘉靖皇帝派出的特使带着奖赏抵达王阳明所在地，对王阳明在平定叛乱中立下的功劳进行奖励。为此，王阳明还特意上疏感谢皇恩。

挂念诸生学业

在平定八寨和断藤峡等地方的叛乱后，王阳明给弟子钱德洪等人写了一封信：

地方事且遂平息。相见渐可期矣。近年不审同志聚会如何？得无法堂前今已草深一丈否？想卧龙之会，虽不能大有所益，亦不宜遂尔荒落，且存饩羊，后或兴起，亦未可知。余姚得应元诸友相与倡率，为益不小。近有人自家乡来，闻龙山之讲至今不废，亦殊可喜。书到，望遍寄声，益相与勉之。九、十弟与正宪辈，不审早晚能来亲近否？诱掖接引之功，与人为善之心，当不俟多喋也。魏廷豹决能不负所托，儿辈或不能率教，亦望相与夹持之。

王阳明在平叛征途中仍然挂念着弟子们的学业。

咳疾加剧

后来，王阳明的病情突然加剧，不得已上疏朝廷请求回家休养。

上疏报到了朝廷，但没有获得批准。

一天，王阳明特意前往梧州的伏波将军庙拜谒，那里供奉着汉代的名将马援。早在王阳明十五岁时，就曾经梦到自己到过伏波将军庙，所以四十多年后的这次拜谒就如同梦境再现。王阳明自己也认为此次拜谒并非偶然，心中更是感慨万千，特意赋诗两首：

其一

四十年前梦里诗，此行天定岂人为！
徂征敢倚风云阵，所过须同时雨师。
尚喜远人知向望，却惭无术救疮痍。
从来胜算归廊庙，耻说兵戈定四夷。

其二

楼船金鼓宿乌蛮，鱼丽群舟夜上滩。

月绕旌旗千嶂静，风传铃柝九溪寒。
荒夷未必先声服，神武由来不杀难。
想见虞廷新气象，两阶干羽五云端。

祭祀增城先祖之祠

王阳明的先祖王纲死于战乱，在增城有他的祠堂。嘉靖七年（1528年），增城当地官员重新修葺整理了一下。随后，王阳明前往祭祖。途中经过湛甘泉的旧居时，王阳明写了一首诗：

我祖死国事，肇禋在增城。
荒祠幸新复，适来奉初蒸。
亦有兄弟好，念言思一寻。
苍苍兼葭色，宛隔环瀛深。
入门散图史，想见抱膝吟。
贤郎敬父执，童仆意相亲。
病躯不遑宿，留诗慰殷勤。
落落千百载，人生几知音？
道通著形迹，期无负初心。

另外，王阳明还特意为湛甘泉的旧居题诗一首

我闻甘泉居，近连菊坡麓。
十年劳梦思，今来快心目。
徘徊欲移家，山南尚堪屋。
渴饮甘泉泉，饥餐菊坡菊。
行看罗浮云，此心聊复足。

激励同仁，嘱托家事

王阳明在给钱德洪等人的信中说：

> 书来，见近日工夫之有进，足为喜慰，而余姚、绍兴诸同志又能相聚会讲切，奋发兴起，日勤不懈，吾道之昌，真有火燃泉达之机矣，喜幸当何如哉！此间地方悉已平靖，只因二三大贼巢，为两省盗贼之根株渊薮，积为民患者，心亦不忍不为一除剪，又复迟留二三月，今亦了事矣，旬月间便当就归途也。守俭、守文二弟，近承夹持启迪，想亦渐有所进。正宪尤极懒惰，若不痛加针砭，其病未易能去。父子兄弟之间，情既迫切，责善反难，其任乃在师友之间。想平日骨肉道义之爱，当不俟于多嘱也。

王阳明在信中预计了自己的归期，充满喜悦地憧憬着回乡之旅。但不幸的是归途中突然病逝，实在凄惨。

此心光明，亦复何言

王阳明的病情日益加重，在到达广城的时候，不幸又患上了腹泻，数次腹泻，到最后连站立都很困难。

王阳明本来就有肺病旧疾，再加上严重的腹泻，身体日渐衰弱。原本王阳明已经踏上了归乡之途，一路上畅想着回乡之后和同仁们谈论学问的快乐，同时也做好了归田静养的打算，但是现在竟都无法实现。

老天为何让一个伟人如此不幸！

在越过梅岭抵达南安，登船准备出发之时，王阳明的弟子周积前来求见。王阳明艰难地坐起身来，一阵剧烈的咳嗽后，只听他缓缓问道：

"近来进学如何？"

周积如实回答，然后问老师的身体状况。王阳明回答说：

"病势危亟，所未死者，元气耳。"

周积离开后，想方设法为王阳明请医问药。

不久，船停泊靠岸，王阳明问左右随从：

"何地？"

侍者回答说：

"青龙铺。"

翌日，王阳明让人将周积叫到跟前。过了好久，他才将眼睛睁开，对周积说道：

"吾去矣！"

周积泪如雨下，问道：

"先生有何遗言？"

王阳明微笑着说：

"此心光明，亦复何言？"

过了不多时，王阳明闭上了双眼，溘然而逝。

百世殊绝的伟人王阳明与世长辞。

殁后之事

王阳明去世后，赣州兵备同时也是王阳明的弟子张思聪赶了过来。同为王阳明弟子的王大用准备了上好的木料，张思聪请人为王阳明做好棺材，周积等人为他沐浴更衣。

随后，弟子刘邦采前来奔丧。大家一起设祭，将王阳明的遗体放入棺材。翌日，众人将棺材抬入舟内，护送王阳明的灵柩返乡。南安附近的百姓纷纷前来送行，哭声震天。船只所过之处，当地门生和军民都前往祭奠跪拜。

嘉靖八年（1529年）正月，灵柩抵达南昌，门人弟子在此发丧。不久，王阳明的灵柩抵达故里，其弟子们将灵柩放置到中堂，按照当地的丧葬礼仪举行祭奠仪式，一些妇女在门内哭泣，正宪带着弟弟等亲属在门外哭泣，众弟子在幕帐外哭泣。每天前来凭吊的弟子等人达到一百余人，有的弟子从初丧一直到王阳明下葬都不曾离去。与此同时，书院等场所的讲学活动依然像王阳明在世时一样如期举行。

随后，王阳明葬于洪溪，一千余名弟子前来参加下葬仪式，众人扶柩痛哭，前来送行的四方百姓涕泪俱下，哭声震天。

当时，礼部尚书桂萼为了泄私愤，向皇帝上疏诽谤王阳明：

"守仁聚集门生，倡导邪说，诋毁先儒。虽有平叛之功，但功不抵过。"

皇上听信其谗言，下旨剥夺王阳明的封赏，而且严禁其学说的传播。

黄绾上疏予以反驳，但是终究无法挽回。尽管遭到朝廷的封杀，阳明心学反而在天下普及开来，信奉者倍增。

嘉靖十一年（1532年），方献夫等人在北京发起阳明心学同好会，尽管薛侃等人因为传播阳明心学而被朝廷治罪，但是黄绾等四十余人仍然前来相聚。

嘉靖十二年（1533年），欧阳德和众多阳明心学的同好相聚于南京。嘉靖十三年（1534年），邹守益创建复古书院，并公开祭祀王阳明。之后，阳明心学同好中讲授阳明心学和祭祀王阳明的人日益增多。

隆庆元年（1567年）正月，穆宗下旨要求商议看一下在已经去世的大臣中，哪些是理应得到封赏却未能得到的。于是，一些大臣共同上疏说：

"原都察院左都御史王守仁，功勋卓著，理应封赏。"

隆庆元年（1567年），穆宗赐王阳明为"新建侯"，追谥为"文成"。

万历十二年（1584年），神宗在位期间，下旨将王阳明从祀于孔庙。

小结

王阳明平定叛乱之后，踏上归途，所谓功成身退。此时，王阳明战功赫赫，学说普及，于事于功都已毫无遗憾。就如他在临终时所言"此心光明，亦复何言"。如果我们把这句话牢牢记在心里，生活中一定不会有迷茫沉溺之忧虑。

编后记

王阳明为明代一位著名的哲学家、政治家、军事家,阳明心学创始人。其人生经历颇为丰富。

高濑武次郎,为日本著名学者,在汉学领域颇有建树,有多本有关中国学的著作问世。高濑武次郎亦钦佩于王阳明的丰功伟绩,特撰写《王阳明传》。其日文原书引用了大量的古籍资料,这些所引用的资料在丰富了本书内容的同时,也给个别读者增加了一些阅读障碍。本书编者充分考虑了诸多因素,为了帮助读者更便捷地阅读,更好地沉浸于作者所传达的王阳明的流风余韵之中,特对某些段落进行了删减处理,同时保留了一些相对重要的语句,以便让读者更好地进入语境之中。读者在阅读中,如对某一部分的文言文原文资料感兴趣,可额外进行一些相关的阅读。原书的附录部分也进行了删减处理。

另外,由于时代的局限,以及国外汉学研究者对于中国文化认知的不同视角,本书仅代表作者高濑武次郎的个人观点。

在中文版编辑出版过程中,出于保持文章完整性的考虑,对于文章中某些时间段的描述沿用了原版书中的文字描述,还对个别地方酌情进行了处理。

由于时间仓促,编者水平有限,书中如有不当之处,欢迎读者不吝指正。

编者